GÄRTNER
DICH GLÜCKLICH

Karolien Verbanck

EIN BUCH DER
EDITION MICHAEL FISCHER

GÄRTNER DICH GLÜCKLICH

VORWORT

Warum habe ich ein Gemüsegartenbuch geschrieben? Gibt es nicht schon genug auf dem Markt? Diese Frage wird mir vermutlich häufiger gestellt werden. Ja, schon, es sind bereits viele gute und schöne Bücher erhältlich. Aber ich hatte meine Gründe ...
Der eigentliche Ausgangspunkt für mein Gemüsegartenbuch war der Augenblick, in dem ich ein Haus mit großem Grundstück kaufte. Mir war sofort klar, dass ich dort einen Gemüsegarten anlegen wollte; die Saat der Freude am Gärtnern konnte bei mir nämlich schon früh aufgehen. Seit ich mich erinnern kann, haben meine Großeltern einen großen Gemüsegarten, in dem sie jeden Tag werkeln. Ich bin mit Omas Bohnen und Rettichsaft aufgewachsen, und auch zu Hause konnten wir jeden Sommer beim Toben im Garten junge Möhren aus dem Boden ziehen und direkt aufessen. Als der Plan für meinen Gemüsegarten zu reifen begann, stieß ich allerdings auf ein Problem: Ich wusste schon das eine oder andere, hatte aber auch noch eine Menge Fragen. Wie kommt man von einem Stück Grasland zu fruchtbarem Boden? Wann ist Panik angebracht, und wann ist es normal, dass die Pflanzen sich verfärben? Wie verhindert man, dass man die auflaufenden Pflänzchen ausjätet und liebevoll das Unkraut begießt? In den Büchern, die ich dazu las, fand ich die Antworten nicht sofort, weil sie nicht so richtig zu meinem Leseprofil passten. Ich bin eine sehr visuelle Leserin: Ich brauche Fotos, Zeichnungen und Struktur, bei langen Abschnitten Text steige ich aus. Und so ein Gemüsegartenbuch fand ich nicht, also machte ich es selbst.
In diesem Buch zeige ich Ihnen, wie ich Schritt für Schritt in mein Gemüsegarten-Abenteuer aufbrach. Ich lasse Sie gern meinen eigenen Lernprozess miterleben: Was funktionierte, welche Tricks ich entdeckte und was völlig danebenging. Ich konnte zum Glück vom Wissen einiger alter Hasen auf dem Gebiet profitieren. Ich hörte mir ihre begeisterten Erzählungen an, probierte die Tricks aus, die sie seit Jahren anwenden, und entwickelte dabei noch mehr Freude an meinem Projekt.
Dieses Buch ist nicht nur eine Wiedergabe meines eigenen Gemüsegarten-Abenteuers, sondern auch eine Anstiftung zu Ihrem. Ich hoffe, dass Sie, nachdem Sie es gelesen haben, voller Begeisterung selbst an die Arbeit gehen können!

GÄRTNER DICH GLÜCKLICH

DAS WIRD MEIN *Gemüsegarten!*

INHALTSVERZEICHNIS

Vorwort	4
1. Arbeitsgeräte	13
DIY Saatschnur	16
2. Gartenplan	19
Ein Platz für Ihren Gemüsegarten	20
Immer wieder neu platzieren	20
Den Gartenplan aufzeichnen	22
DIY Ihr Gartenplan	24
3. Saat- und Erntekalender	27
4. Säen und Pflanzen	35
Bodenarten	36
Den Boden vorbereiten	37
Düngen	38
Vorkultur	39
DIY Säen in Toilettenpapierrollen	42
Ins Freiland säen	45
DIY Wer steht wo?	48
Sorgenkinder	52
Platz sparen und Mischkultur	62
5. Pflegen	67
Bewässern	68
DIY Gießkanne Marke Eigenbau	70
Pflanzen pflegen	71
DIY Bienenhotel	74
Düngen	78
Komposthaufen	79
6. Vorbeugen	85
Schädlinge und Nützlinge	86
DIY Topf für Ohrwürmer	97
DIY Insektenhotel	100
Krankheiten	102
Unkraut	103
7. Ernten	107
8. Die nächste Aussaat	119
DIY Schnittmuster für Samentüten	122
9. Pflanzenpässe	127
Nachwort	142

GÄRTNER DICH GLÜCKLICH

- ARBEITSGERÄTE -

UM EINEN GEMÜSEGARTEN NEU ANZULEGEN, brauchen Sie natürlich Material und Werkzeug. Überlegen Sie aber einen Augenblick, bevor Sie in den Gartenmarkt eilen, um alles neu anzuschaffen. Sie haben nämlich schon die beiden wichtigsten Werkzeuge, die Sie brauchen: Ihre Hände. Damit kommen Sie bereits sehr weit, aber praktischer ist es mit ein paar Helfern, die Sie hier kennenlernen.

Schauen Sie nach, was Sie schon haben, und schreiben Sie eine Liste mit dem, was wirklich noch fehlt. Suchen Sie auch auf Flohmärkten und Second-Hand-Websites, denn es gibt nichts Schöneres als Material, das dem Zahn der Zeit getrotzt hat und nun wieder zum Leben erweckt wird.

Fehlen immer noch wesentliche Dinge auf der Liste? Dann fragen Sie Verwandte, Freunde oder Nachbarn, ob Sie von ihnen etwas leihen oder gar auf Dauer bekommen können. Im Gegenzug können Sie ihnen Gemüse anbieten, das ist doch ein schöner Tausch! Hier also das Werkzeug für den Gemüsegarten:

01. Schaufel
02. Spaten
03. Handschaufel
04. Handrechen
05. Handgrabegabel
06. Grabegabel
07. Rechen
08. Hacke
09. Gießkanne (mit Brausekopf)
10. Eimer
11. Gartenschere oder –messer
12. Handschuhe (wenn Sie sich die Hände nicht schmutzig machen wollen)
13. Matte oder Kniekissen (wenn Sie Knieprobleme minimieren wollen)
14. Gummistiefel
15. Töpfe
16. Einige Bambusstäbe
17. Schnur oder Seil
18. Etiketten für das Gemüse
19. Schubkarre (wenn Sie einen großen Gemüsegarten haben)

GÄRTNER DICH GLÜCKLICH

Saatschnur

Um in geraden Reihen zu säen, können Sie eine Holzlatte anlegen oder einfach selbst etwas basteln.

- Nehmen Sie einen Holzstock, zum Beispiel einen alten Besenstiel.
- Sägen Sie ihn in der Mitte durch und bohren Sie in beide Hälften oben ein Loch.
- Nehmen Sie ein Stück Wäscheleine und schneiden diese zu, und zwar etwas länger als das Gemüsebeet.
- Fädeln Sie die Schnur durch die Löcher im Holz und knoten Sie sie fest. Hölzer in die Erde stecken, Schnur spannen und entlang säen!

Kapitel 2 /
GARTENPLAN

GÄRTNER DICH GLÜCKLICH

Ihr Gartenplan

Jetzt haben Sie alle Informationen, um Ihren eigenen Plan zu zeichnen. Messen Sie alles aus, teilen Sie die Fläche ein und gehen Sie dann ans Werk!

GÄRTNER DICH GLÜCKLICH

- GARTENPLAN -

Vorbereitung ist der Schlüssel zum Erfolg. Oder so ähnlich. Dieser Spruch gilt auf jeden Fall für den Gemüsegarten. Egal, ob Sie einen Hektar mit Gemüse füllen können oder ob Sie nur einen Quadratmeter Platz auf dem Balkon haben: Es ist gut, sich ein paar Gedanken zu machen, bevor Sie die Ärmel hochkrempeln und mit den Händen in der Erde wühlen. Und beim Nachdenken entsteht Ihr Gartenplan. Bevor Sie einen Plan zeichnen, sollten Sie sich zwei wichtige Fragen stellen: Was fange ich mit dem Garten an, und welches Gemüse will ich pflanzen?

EIN PLATZ FÜR IHREN GEMÜSEGARTEN

- Planen Sie Ihren Gemüsegarten nicht im Schatten oder unter Bäumen. Ihr Gemüse muss reichlich Sonnenlicht abbekommen. Beobachten Sie, wo im Lauf des Tages die Sonne hinkommt. Das Einzige, was tatsächlich im Schatten liegen darf, ist der Kompostplatz.

- Sorgen Sie dafür, dass der Gemüsegarten möglichst nah beim Haus liegt: Sie sollten Ihr Gemüse schnell erreichen können, zum Beispiel von der Küche aus, das ist gerade beim Kochen von Vorteil. Außerdem haben Sie dann auch den Überblick über Ihren Gemüsegarten und merken gleich, wenn sich Unkraut breitmacht oder die Schnecken angreifen. Zudem stimmen Sie sicher zu, dass ein Gemüsegarten auch einfach schön aussieht. Wenn Sie so viel Arbeit in Ihr Stück Land stecken, sollten Sie den Anblick auch genießen können! Wollen Sie den Gemüsegarten doch lieber weiter weg vom Haus haben, planen Sie trotzdem ein kleineres Stück in der Nähe der Küche ein – dieses Fleckchen ist für Kräuter und Gemüse reserviert, die Sie oft zum Kochen brauchen, etwa Basilikum oder Rauke.

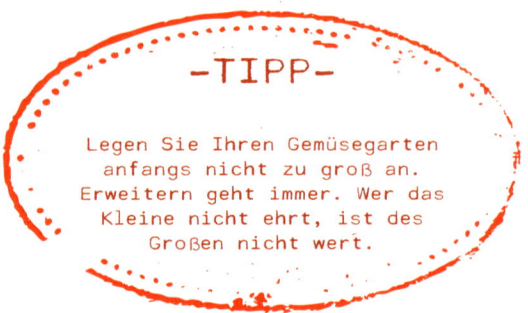

-TIPP-

Legen Sie Ihren Gemüsegarten anfangs nicht zu groß an. Erweitern geht immer. Wer das Kleine nicht ehrt, ist des Großen nicht wert.

IMMER WIEDER NEU PLATZIEREN

- Zunächst Grundlegendes: Gemüse entzieht dem Boden Nährstoffe, und zwar jeweils nach dem eigenen Bedarf. Es ist deshalb besser, nicht jedes Jahr die gleichen Gemüsearten an dieselbe Stelle zu pflanzen. Sonst würde der Boden Jahr um Jahr auf dieselbe Weise belastet, was zu Bodenmüdigkeit führt. Außerdem haben Krankheiten und Schädlinge leichtes Spiel, wenn jahrein, jahraus an derselben Stelle die gleichen Arten wachsen. Schädlinge infizieren nicht nur die Pflanzen, sondern überdauern im Boden, sodass sie im Jahr darauf die Pflanzen erneut angreifen können. Um das zu vermeiden, können Sie mit einem

Fruchtwechselsystem arbeiten. Dazu unterteilen Sie Ihren Garten in vier verschiedene Zonen und lassen das Gemüse jedes Jahr in die nächste Zone aufrücken. Somit landet es nach vier Jahren wieder auf dem ursprünglichen Platz. Sie können sich auch für ein längeres System entscheiden, das zum Beispiel über sechs Jahre läuft. Dafür benötigen Sie etwas mehr Platz. Die verschiedenen Kohlarten profitieren allerdings von einem Sechs-Jahres-System, denn das beugt Kohlhernie vor.

- Es gibt fünf große Gemüsegruppen: **Kohlgemüse, Blattgemüse, Fruchtgemüse, Wurzelgemüse** und **Hülsenfrüchte.** Daneben gibt es auch noch die **Kartoffeln,** die ihre eigene Gruppe bilden, ebenso wie die **Erdbeeren,** die aber beim großen Fruchtwechselsystem nicht mitspielen. In den Pflanzenpässen lesen Sie, zu welcher Gruppe die Gemüse gehören.

- Lassen Sie die Pflanzen so aufeinanderfolgen: Hülsenfrüchte auf Kartoffeln, Kartoffeln nach Wurzelgemüse, Wurzel- nach Fruchtgemüse, Frucht- nach Blattgemüse, Blattgemüse nach Kohl, die Kohlgemüse wieder nach den Hülsenfrüchten, und damit ist der Kreis geschlossen!

- Blattgemüse hat im Großen und Ganzen wenig Probleme mit Bodenmüdigkeit oder Krankheiten. Wenn Sie nicht genug Platz haben für sechs Beete, können Sie diese Gewächse überall dazwischenpflanzen und damit die Lücken im Gemüsegarten füllen oder sie als Vor- oder Nachkultur einsetzen.

> **-TIPP-**
>
> Manche Gemüsearten sind für dieselben Krankheiten anfällig und sollten besser nicht nebeneinander sitzen. Möchten Sie wissen, welche Gemüsearten gute Nachbarn sind, schlagen Sie unter Vorbeugen nach (S. 85, Kap. 6).

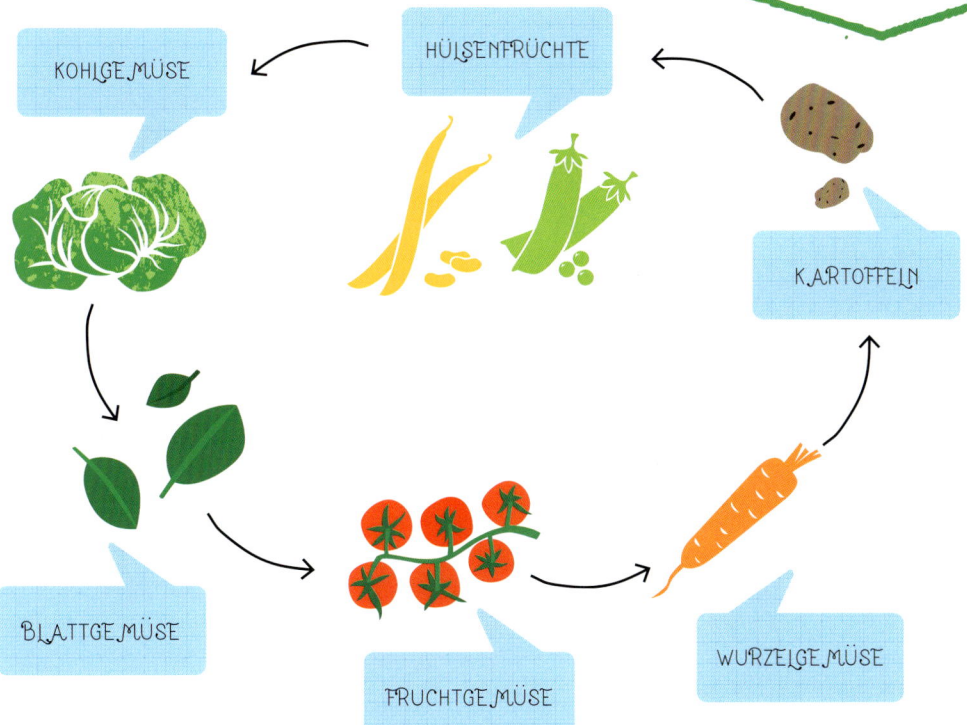

GÄRTNER DICH GLÜCKLICH

DEN GARTENPLAN AUFZEICHNEN

Jeder Gemüsegarten und jeder Gemüsegärtner ist anders. Bevor Sie Ihren Plan zeichnen, entscheiden Sie, was Sie pflanzen wollen und wie der Garten aussehen soll. Hier finden Sie einen Überblick über einige feste Bestandteile, die Sie auch in Ihrem Garten unterbringen können.

Basiseinteilung

Sie können eine zusammenhängende Bodenfläche ganz einfach als Gemüsegarten anlegen, indem Sie nur Bretter als Wege zwischen das Gemüse legen. Das ist praktisch, wenn Sie nicht viel Platz haben und auf der kleinen Fläche möglichst viel Gemüse unterbringen wollen. Sie können aber auch einzelne Beete mit Wegen dazwischen anlegen.

Es gibt verschiedene Möglichkeiten, die Beete einzufassen und zu gestalten: mit Holz als Abgrenzung, mit Dachziegeln, Weidenzweigen, Ziegelsteinen ..., um nur ein paar Vorschläge aufzuzählen. Ich habe mich für Bordsteine entschieden, die schon auf dem Grundstück lagen. Nutzen Sie vor allem das, was schon vorhanden ist.

Wege

Die Breite der Wege hängt davon ab, was Sie in Ihrem Gemüsegarten vorhaben. Möchten Sie mit der Schubkarre hin- und herfahren, legen Sie die Wege breit genug an. Der Hauptweg in meinem Garten ist 1 m breit. Die Wege zwischen dem Gemüse, wo Sie sich nur hinknien wollen, um zu arbeiten oder zu ernten, dürfen schmaler sein; bei mir wurden es rund 70 cm. Auch das Material kann variieren: von Ziegelsteinen, die in einem schönen Muster verlegt werden, über Kies bis zu Rindenmulch. Wählen Sie vor allem ein Material, das wenig Pflege braucht, also besser kein Gras, das regelmäßig gemäht werden muss.

Frühbeet (Mistbeet)

Es bietet die Möglichkeit, die Saison im Gemüsegarten zu verlängern, denn im Frühbeet können Sie schon früher Gemüse vorziehen als im ungeschützten Freiland: Es hält den Nachtfrost ab und die ersten Sonnenstrahlen werden verstärkt. Möchten Sie selbst eins bauen? Schauen Sie nach auf S. 44 (Kap. 4).

Komposthaufen

Wie und warum Sie einen Komposthaufen anlegen, lesen Sie auf S. 79 (Kap. 5).

Platz für Werkzeug

Bewahren Sie Ihr Werkzeug trocken auf, in der Nähe des Gemüsegartens und an einem Ort, wo es übersichtlich stehen oder hängen kann. Wie wäre es zum Beispiel mit einem Geräteschrank oder -häuschen?

Blumen

Ob Sie Blumen als Umgrenzung Ihres Gemüsegartens pflanzen oder einfach zwischen das Gemüse – sie bieten auf jeden Fall einen Mehrwert. Sie locken nicht nur Bienen und andere nützliche Insekten an, was gut für die Bestäubung der Gemüsepflanzen ist, sondern können auch Schädlinge fernhalten, zum Beispiel die Lauchmotte. Und sie sehen natürlich einfach schön aus – was nicht ganz unwichtig ist.

Obstbäume

Haben Sie noch eine Wand frei oder einen Pflanzstreifen übrig? Ideal für leckeres Obst! Denken Sie an Spalierobst, an Himbeer-, Johannisbeer- oder andere Beerensträucher. Der große Vorteil: Damit locken Sie noch mehr Bienen in den Gemüsegarten.

> **-TIPP-**
>
> Haben Sie wenig Platz? Sie können Gemüse auch in Töpfen und sogar auf der Fensterbank anbauen. Auf S. 62 (Kap. 4) finden Sie Informationen übers Platzsparen bei der Aussaat.

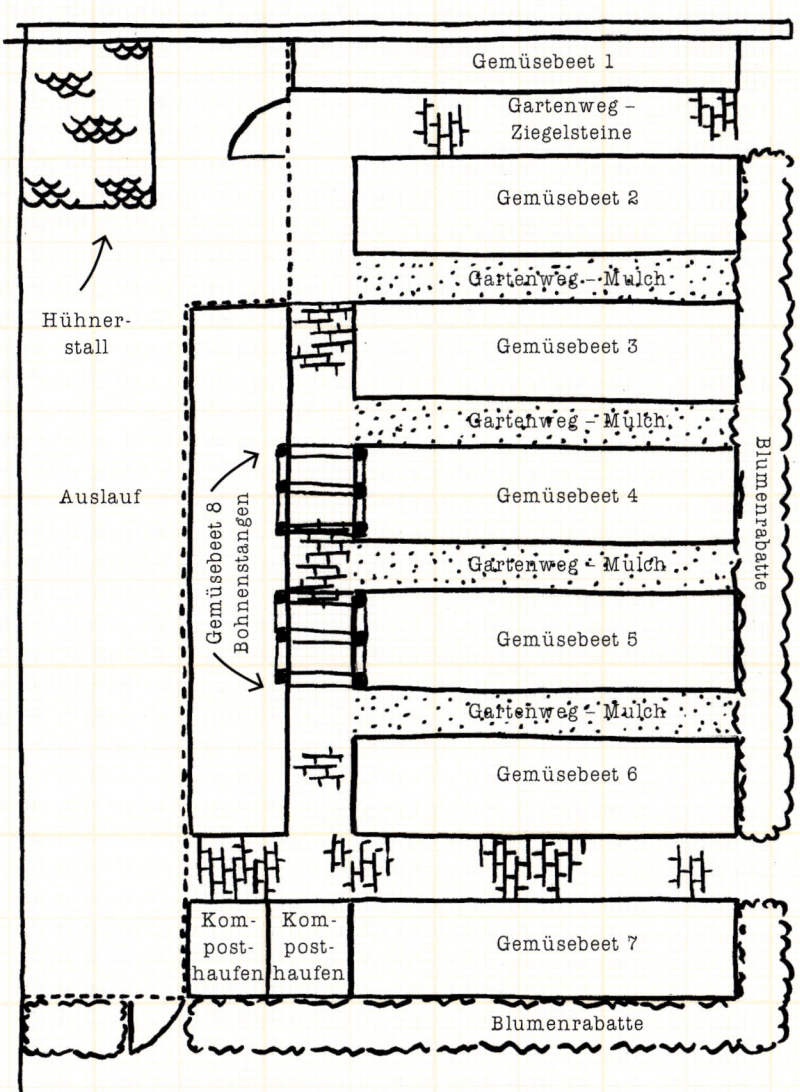

Brauchen Sie Inspiration?
Diesen Plan habe ich für meinen Gemüsegarten gezeichnet.

23

GÄRTNER DICH GLÜCKLICH

Ihr Gartenplan

Jetzt haben Sie alle Informationen, um Ihren eigenen Plan zu zeichnen. Messen Sie alles aus, teilen Sie die Fläche ein und gehen Sie dann ans Werk!

Blumen bieten auf jeden Fall einen Mehrwert. Sie locken Bienen und andere nützliche Insekten an, was gut für die Bestäubung ist.

Kapitel 3 /

SAAT- UND ERNTE-
KALENDER

GÄRTNER DICH GLÜCKLICH

Kapitel 3 /
SAAT- UND ERNTE-
KALENDER

GÄRTNER DICH GLÜCKLICH

- SAAT- UND ERNTE- KALENDER -

Jede Gemüseart hat ihren eigenen Charakter: Je nach Art mögen sie unterschiedliche Böden, brauchen viel oder wenig Wasser, verstehen sich gut mit anderen Arten (oder eben nicht), und so weiter. Sie sind auch sehr verschieden, wenn es ums Säen und Ernten geht. Deshalb ist es wichtig, dass Sie genau wissen, wann Sie welches Gemüse unter Glas vorziehen, ins Freiland setzen und mit der Ernte beginnen. Hier finden Sie einen Überblick über die wichtigsten Gemüsearten und ein paar „vergessene" Gemüse, die immer beliebter werden.
Die Zeitangaben sind ein Leitfaden, aber setzen Sie vor allem auf den gesunden Menschenverstand: Legen Sie keine Bohnen, wenn es schneit, auch wenn schon Mai ist. Lesen Sie auf jeden Fall auch die Angaben auf den Samentüten; dort finden Sie oft zusätzliche Informationen, die Ihre spezielle Sorte betreffen.

_28

Brokkoli

Vorkultur:

Jan · Feb · März · **Apr** · Mai · Juni · Juli · Aug · Sept · Okt · Nov · Dez

Ins Freiland säen/pflanzen:

Jan · Feb · März · **Apr · Mai · Juni · Juli** · Aug · Sept · Okt · Nov · Dez

Ernten:

Jan · Feb · März · Apr · Mai · Juni · **Juli · Aug · Sept · Okt** · Nov · Dez

Chinakohl

Ins Freiland säen/pflanzen:

Jan · Feb · März · Apr · Mai · Juni · **Juli · Aug** · Sept · Okt · Nov · Dez

Ernten:

Jan · Feb · März · Apr · Mai · Juni · Juli · Aug · **Sept · Okt** · Nov · Dez

Endivie

Vorkultur:

Jan · Feb · März · **Apr · Mai** · Juni · Juli · Aug · Sept · Okt · Nov · Dez

Ins Freiland säen/pflanzen:

Jan · Feb · März · Apr · **Mai · Juni · Juli** · Aug · Sept · Okt · Nov · Dez

Ernten:

Jan · Feb · März · Apr · Mai · **Juni · Juli · Aug · Sept · Okt** · Nov · Dez

Erbsen

Vorkultur:

Jan · **Feb** · März · Apr · Mai · Juni · Juli · Aug · Sept · Okt · Nov · Dez

Ins Freiland säen/pflanzen:

Jan · **Feb · März · Apr** · Mai · Juni · Juli · Aug · Sept · Okt · Nov · Dez

Ernten:

Jan · Feb · März · Apr · Mai · **Juni · Juli · Aug** · Sept · Okt · Nov · Dez

Erdbeere

Ins Freiland pflanzen:

Jan · Feb · März · **Apr · Mai** · Juni · **Juli · Aug** · Sept · Okt · Nov · Dez

Ernten:

Jan · Feb · März · Apr · Mai · **Juni · Juli · Aug · Sept · Okt** · Nov · Dez

Feldsalat

Ins Freiland säen:

Jan · Feb · März · Apr · Mai · Juni · **Juli · Aug · Sept** · Okt · Nov · Dez

Ernten:

Jan · Feb · März · Apr · Mai · Juni · Juli · Aug · Sept · **Okt · Nov · Dez**

GÄRTNER DICH GLÜCKLICH

Grünkohl

Ins Freiland säen/pflanzen:

Jan	Feb	März	Apr	Mai	Juni	Juli	Aug	Sept	Okt	Nov	Dez
			■	■	■						

Ernten:

Jan	Feb	März	Apr	Mai	Juni	Juli	Aug	Sept	Okt	Nov	Dez
■								■	■	■	■

Kartoffel

Ins Freiland säen/pflanzen:

Jan	Feb	März	Apr	Mai	Juni	Juli	Aug	Sept	Okt	Nov	Dez
		■	■								

Ernten:

Jan	Feb	März	Apr	Mai	Juni	Juli	Aug	Sept	Okt	Nov	Dez
					■	■	■	■	■		

Kerbel

Ins Freiland säen/pflanzen:

Jan	Feb	März	Apr	Mai	Juni	Juli	Aug	Sept	Okt	Nov	Dez
		■	■	■	■	■	■	■			

Ernten:

Jan	Feb	März	Apr	Mai	Juni	Juli	Aug	Sept	Okt	Nov	Dez
				■	■	■	■	■	■		

Knoblauch

Ins Freiland pflanzen:

Jan	Feb	März	Apr	Mai	Juni	Juli	Aug	Sept	Okt	Nov	Dez
		■	■						■	■	

Ernten:

Jan	Feb	März	Apr	Mai	Juni	Juli	Aug	Sept	Okt	Nov	Dez
						■	■	■			

Kohlrabi

Vorkultur:

Jan	Feb	März	Apr	Mai	Juni	Juli	Aug	Sept	Okt	Nov	Dez
	■	■	■								

Ins Freiland säen/pflanzen:

Jan	Feb	März	Apr	Mai	Juni	Juli	Aug	Sept	Okt	Nov	Dez
			■	■	■	■	■				

Ernten:

Jan	Feb	März	Apr	Mai	Juni	Juli	Aug	Sept	Okt	Nov	Dez
					■	■	■	■	■		

Kürbis

Vorkultur:

Jan	Feb	März	Apr	Mai	Juni	Juli	Aug	Sept	Okt	Nov	Dez
			■	■							

Ins Freiland säen/pflanzen:

Jan	Feb	März	Apr	Mai	Juni	Juli	Aug	Sept	Okt	Nov	Dez
				■	■						

Ernten:

Jan	Feb	März	Apr	Mai	Juni	Juli	Aug	Sept	Okt	Nov	Dez
							■	■	■		

GÄRTNER DICH GLÜCKLICH

Rhabarber

Pflanzen:
Jan | Feb | März | Apr | Mai | Juni | Juli | Aug | Sept | Okt | Nov | Dez

Ernten:
Jan | Feb | März | Apr | Mai | Juni | Juli | Aug | Sept | Okt | Nov | Dez

Rosenkohl

Vorkultur:
Jan | Feb | März | Apr | Mai | Juni | Juli | Aug | Sept | Okt | Nov | Dez

Ins Freiland säen/pflanzen:
Jan | Feb | März | Apr | Mai | Juni | Juli | Aug | Sept | Okt | Nov | Dez

Ernten:
Jan | Feb | März | Apr | Mai | Juni | Juli | Aug | Sept | Okt | Nov | Dez

Rote Bete

Ins Freiland säen:
Jan | Feb | März | Apr | Mai | Juni | Juli | Aug | Sept | Okt | Nov | Dez

Ernten:
Jan | Feb | März | Apr | Mai | Juni | Juli | Aug | Sept | Okt | Nov | Dez

Rotkohl

Vorkultur:
Jan | Feb | März | Apr | Mai | Juni | Juli | Aug | Sept | Okt | Nov | Dez

Ins Freiland säen/pflanzen:
Jan | Feb | März | Apr | Mai | Juni | Juli | Aug | Sept | Okt | Nov | Dez

Ernten:
Jan | Feb | März | Apr | Mai | Juni | Juli | Aug | Sept | Okt | Nov | Dez

Salat

Vorkultur:
Jan | Feb | März | Apr | Mai | Juni | Juli | Aug | Sept | Okt | Nov | Dez

Ins Freiland säen/pflanzen:
Jan | Feb | März | Apr | Mai | Juni | Juli | Aug | Sept | Okt | Nov | Dez

Ernten:
Jan | Feb | März | Apr | Mai | Juni | Juli | Aug | Sept | Okt | Nov | Dez

Schwarzer Rettich

Ins Freiland säen:
Jan | Feb | März | Apr | Mai | Juni | Juli | Aug | Sept | Okt | Nov | Dez

Ernten:
Jan | Feb | März | Apr | Mai | Juni | Juli | Aug | Sept | Okt | Nov | Dez

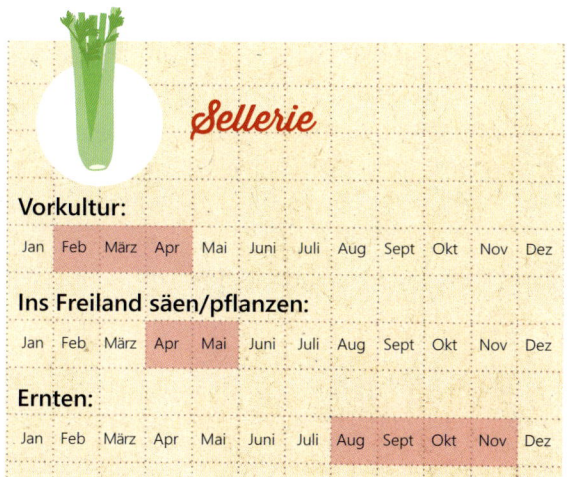
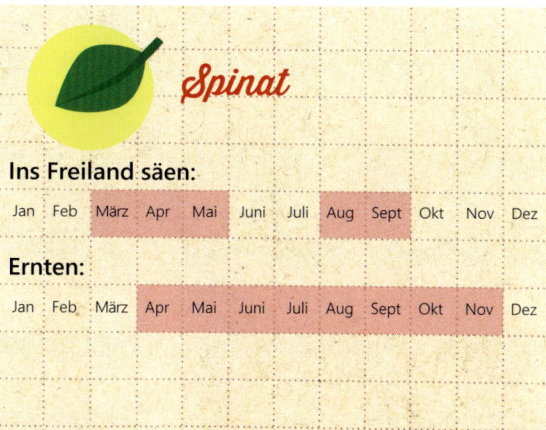
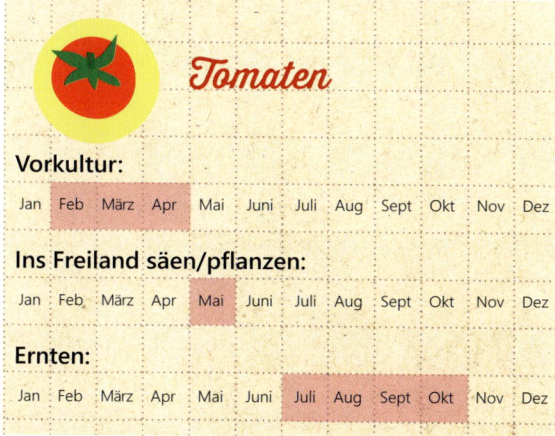

GÄRTNER DICH GLÜCKLICH

GÄRTNER DICH GLÜCKLICH

– SÄEN UND PFLANZEN –

Säen hört sich einfach an – und eigentlich ist es das auch –, aber es gibt doch ein paar Punkte, auf die Sie achten sollten. Alles fängt mit dem Boden an, in dem Ihre Pflänzchen – hoffentlich – gut gedeihen. Bei manchen Jungpflanzen können Sie selbst das kräftige Wachstum unterstützen, indem Sie sie im Haus vorziehen. Ist erst mal alles gepflanzt, kann es Sorgenkinder geben: Pflanzen, die am Anfang ein kleines bisschen mehr Aufmerksamkeit brauchen, um gut zu gedeihen. Zum Schluss lernen Sie auch die wunderbare Mischkultur kennen. Das klingt vielleicht kompliziert, aber das scheint nur so: Mischkultur braucht jeder Gemüsegärtner!

BODENARTEN

Es gibt verschiedene Bodenarten, die auch regional unterschiedlich verteilt sind. Ihr Boden kann also völlig anders sein als der im Garten Ihrer Verwandten und Freunde zwei Dörfer weiter. Die bekanntesten Bodenarten sind Lehm, Sand und Ton. Außerdem gibt es unzählige Zwischenstufen, die eine Kombination dieser drei Komponenten darstellen.

Sandboden

Er besteht – wie könnte es anders sein – größtenteils aus Sand. Wasser versickert schnell darin und nimmt dabei auch Nährstoffe mit. Sandboden ist deshalb nicht immer nahrhaft genug für alle Gemüsearten. Der große Vorteil: Sandboden erwärmt sich schnell, sodass Sie nach dem Winter bald säen können.

Tonboden

Er besteht aus kleinen Körnchen, die bei Feuchtigkeit zusammenkleben. Das sehen Sie auch, wenn Sie mit Ton töpfern wollen: Wenn Sie Wasser hinzufügen, entsteht eine zusammenhängende, dichte Masse. Tonboden verschlammt und verdichtet schnell; dadurch ist er schwerer zu bearbeiten und enthält weniger Sauerstoff.

Lehmboden

Er liegt mit seinen Eigenschaften irgendwo in der Mitte. Lehm lässt Wasser leicht durch, hält aber trotzdem genug davon fest, dass die Nährstoffe nicht verloren gehen. Diese Bodenart ist daher auch der Traum der meisten Gemüsearten.

Welche Art Boden Sie haben, erkennen Sie an Farbe und Struktur. Haben Sie sehr hellen Boden und müssen Sie oft gießen? Dann haben Sie es mit Sandboden zu tun. Sieht die Erde dunkler aus und klebt sie stark, wenn sie nass ist? Dann haben Sie es mit schwerem Boden zu tun, also Ton oder Lehm.

Die Bodenarten sind zwar verschieden, eins haben sie aber gemeinsam: Sie mögen Humus! Er verbessert die Struktur jeder Bodenart. Sandboden kann damit das Wasser besser halten, Tonboden mit reichlich Humus wird es dagegen schneller wieder los und lässt sich leichter bearbeiten. Der Leitspruch lautet also: Genügend organischen Dünger geben!

Es versteht sich von selbst, dass die unterschiedlichen Bodenarten eine spezifische Behandlung erfordern. Außerdem gedeihen manche Gemüsearten besser in dem einen Boden als in dem anderen. Spargel fühlt sich zum Beispiel in Sandboden sehr wohl, während

> **– TIPP –**
>
> Wenn Sie Humus haben wollen, brauchen Sie Regenwürmer! Regenwürmer sind in einem Gemüsegarten Gold wert. Je mehr, desto besser! Sie lockern den Boden und sorgen für bessere Durchlüftung. Außerdem helfen sie, organisches Material in Humus umzuwandeln. Denken Sie also noch einmal nach, bevor sie einen Regenwurm in Richtung Hühnerstall werfen.

Kohl dort weniger gut gedeiht. Um zu erfahren, wie Ihr Boden zusammengesetzt ist, können Sie jederzeit einen Test durchführen lassen. Es gibt auch Sets im Gartenfachhandel, mit denen Sie das selbst tun können. Ich beschloss, das nicht zu tun, und ließ den Boden im ersten Jahr für sich sprechen. Sie werden schnell merken, ob ein bestimmtes Gemüse bei Ihnen besser wächst als andere.

DEN BODEN VORBEREITEN

Bevor Sie mit Samen und Pflänzchen an die Arbeit gehen können, muss der Boden vorbereitet werden. In einem idealen Szenario bereiten Sie den Boden im Herbst vor, bevor der Frost einsetzt. Somit hat er den ganzen Winter über Zeit, auf natürliche Weise Unkraut und Gras loszuwerden. Auch Ihr Dünger kann dann länger in den Boden einziehen und wird besser verarbeitet. Wenn Sie im Herbst keine Zeit hatten, können Sie immer noch im Frühjahr anfangen. Achten Sie dann darauf, dass der Frost größtenteils überstanden ist. Normalerweise steckt der Frost vor allem an der Bodenoberfläche.

GÄRTNER DICH GLÜCKLICH

Wenn Sie den Boden umpflügen, während es noch Frost gibt, arbeiten Sie die Kälte tiefer in die Erde ein, was für die Bodenqualität sehr von Nachteil ist. Der Boden braucht dann länger, um aufzutauen, und ein Großteil des Bodenlebens, das direkt unter der Oberfläche sitzt, erfriert.

Säen und pflanzen sollten Sie vorzugsweise in einen unkrautfreien, lockeren Boden, sodass die Wurzeln sich schnell einen Weg bahnen können. Aber wie kommt man von einem Stück Grasland zum idealen Boden für einen Gemüsegarten? Dafür gibt es zwei Methoden: die arbeitsintensive und die einfache.
Als Erstes fällt aber immer die Entfernung von Unkraut, hohem Gras und anderen störenden Pflanzen an. Mähen Sie das hohe Gras mit der Motorsense ab und graben Sie mit der Schaufel die Wurzeln von unerwünschten Pflanzen und Unkräutern aus. Entsorgen Sie das Unkraut weit weg von Ihrem Gemüsegarten, damit es sich nicht wieder aussäen kann.

Entscheiden Sie sich für die arbeitsintensive Methode, um das restliche Gras zu beseitigen, tragen Sie mit dem Spaten die Rasensoden ab. Dazu müssen Sie nur ein paar Zentimeter tief graben, gerade tief genug, um das Gras und die Wurzeln abzutrennen. Diese Grasstücke legen Sie dann umgekehrt irgendwo in den Garten, sodass das Gras verrotten kann. Wenn Sie lieber nicht graben wollen, können Sie das Gras mit Karton abdecken und darauf eine dicke Schicht Kompost verteilen. Bis zum Ende des Winters sind der Karton und das Gras darunter verrottet und Sie können mit der Aussaat beginnen.
Bevor Sie mit dem Säen beginnen, graben Sie den Boden noch einmal gut um und treten dicke Erdklumpen schön platt – dann ist der Garten bereit für das erste Gemüse!

DÜNGEN

Um den Boden vor dem Pflanzen fruchtbarer und humusreicher zu machen, sollten Sie ihn düngen. Das tun Sie, wie schon gesagt, am besten so früh wie möglich. Streuen Sie den Dünger nicht einfach so aus, sondern pflügen Sie ihn unter, damit alles gut gemischt wird. Passen Sie aber auf: Zu wenig Dünger ist nicht gut, aber zu viel auch nicht! Verwenden Sie keinen Kunstdünger, sondern lieber organischen Dünger, zum Beispiel hausgemachten Kompost oder abgelagerten Mist, am besten von Kühen. Pferdemist ist nicht ideal im Gemüsegarten, macht sich aber gut auf dem Kompost.
Übrigens mögen nicht alle Gemüse frischen Dünger: Das Beet mit dem Wurzelgemüse, den Bohnen und Erbsen sollten Sie eher nicht düngen. Blatt- und Fruchtgemüse brauchen dagegen doch Dünger. Auf das Kohlbeet können Sie gegen Ende Januar zusätzlich eine dünne Schicht Kalk ausstreuen, um der Kohlhernie vorzubeugen.
Wenn Ihr Garten angelegt ist, können Sie organisches Material als Mulch ausbringen (siehe S. 104, Kap. 5 Vorbeugen).

Den Boden umpflügen.

VORKULTUR

Im März erwacht die Natur aus dem Winterschlaf und Sie können mit der Arbeit im Gemüsegarten beginnen. Sie müssen natürlich immer noch mit Nachtfrost rechnen. Wollen Sie schon früher anfangen, können Sie zum Beispiel Ihre Pflänzchen in einem Frühbeet oder Gewächshaus vorziehen. Keine Panik, wenn Sie so etwas nicht haben: Die Vorkultur gelingt auch drinnen auf der Fensterbank.

Pflanzen vorzuziehen hat den großen Vorteil, dass die Samen in Ruhe keimen und wachsen können. Wenn Sie die kleinen Pflänzchen dann Ende März oder Anfang April ins Freiland setzen, sind sie stärker und die Gefahr, dass sie es nicht schaffen, ist geringer. Dann entstehen keine Lücken im Gemüsebeet: 1:0 für die Vorkultur! Außerdem müssen Sie die Sämlinge dann im Beet nicht ausdünnen (dabei entfernen Sie die kleineren Pflänzchen, um den größeren mehr Platz zu verschaffen), denn beim Auspflanzen berücksichtigen Sie gleich den richtigen Abstand.

Beim Vorziehen auf der Fensterbank kommt es auf den richtigen Platz an: Wählen Sie ein Fenster, das möglichst nach Süden ausgerichtet ist und genügend Sonne abbekommt. Das Fenster verstärkt das Sonnenlicht, sodass die Samen mit Licht und Wärme optimal versorgt sind. Gießen Sie die Sämlinge ausreichend, denn sie trocknen leicht aus. Sie können anfangs auch eine Plastikfolie darüber spannen oder eine Glasplatte auf den Kasten mit den Samen legen, damit die Saat nicht austrocknet.

Für die Anzucht eignen sich allerlei Gefäße, zum Beispiel ein großer Kasten oder ein Zimmergewächshaus sowie viele kleine Einzeltöpfchen. Egal, in welche Behälter Sie die Samen stecken, Hauptsache Sie kümmern sich genug darum. Im Gartenfachhandel gibt es auch Anzuchttöpfe aus organischem Material, die Sie beim Auspflanzen mit in den Boden setzen können. Die Töpfe verrotten mit der Zeit und die Pflanze kann in Ruhe weiterwachsen. Der Vorteil ist, dass Sie die empfindlichen Wurzeln der Pflänzchen beim Auspflanzen ins Freiland nicht verletzen. Eine preiswerte Alternative zu den gekauften verrottbaren Töpfchen sind welche, die Sie einfach selbst herstellen: aus Toilettenpapierrollen!

GÄRTNER DICH GLÜCKLICH

GÄRTNER DICH GLÜCKLICH

DIY

Säen in Toilettenpapierrollen

-TIPP-

Zuletzt können Sie noch eine dünne Schicht weißen Sand aufstreuen. Dann bleibt der Boden feuchter und Schimmelpilze werden ferngehalten.

Toilettenpapierrollen in ein Gefäß stellen und mit Aussaaterde füllen. Die Samen darauflegen und leicht andrücken.

Wachsen lassen und genug gießen.

Weiter wachsen lassen.

Jungpflanzen komplett mit Papprolle ins Freiland setzen.

GÄRTNER DICH GLÜCKLICH

Auch draußen können Sie Pflanzen vorziehen, in einem Gewächshaus oder der Miniversion, dem Frühbeet. Im Gartenfachhandel finden Sie fertige Bausätze und Modelle in unterschiedlichen Größen und Ausführungen. Ein Frühbeet können Sie aber auch leicht selbst bauen. Setzen Sie aus ein paar Brettern einen Kasten zusammen, der hinten etwas höher ist als vorn. Die Bretter verbinden Sie in den Ecken mit Winkeln und Schrauben. Auf den Kasten legen Sie eine Glasplatte oder ein altes Fenster. Damit sich der Boden noch schneller erwärmt, kann man eine Lage Mist einbringen. Der wird heute eher nicht mehr verwendet, aber der Name Mistbeet ist geblieben. Wenn es Ihnen zu viel Aufwand ist, ein Frühbeet zu bauen oder aufzustellen, können Sie auch direkt in den Boden säen. Damit sich der Boden etwas erwärmt, spannen Sie eine Folie darüber. Dann können Sie säen. Anschließend legen Sie eine perforierte Plastikfolie oder ein Vlies direkt auf die Keimlinge. Wenn die Pflanzen größer sind, biegen Sie aus Kunststoff- oder Kabelrohren Halbkreise, die Sie in den Boden stecken. Darüber spannen Sie wieder die Folie, und fertig ist der Wärmetunnel.
Vergessen Sie nicht, das Frühbeet oder den Folientunnel tagsüber zu öffnen, damit die Luft zirkulieren kann und keine Krankheiten entstehen.

INS FREILAND SÄEN

Im März oder April können Sie schon einiges ins Freiland säen oder pflanzen, aber rechnen Sie immer noch mit Nachtfrost. Sie können die jungen Pflanzen schützen, indem Sie sie mit Vlies abdecken, wenn eine kalte Nacht zu erwarten ist. Manche Gemüse sind von Nachtfrost besonders bedroht, und für sie gilt ein wichtiger Termin: die Eisheiligen! Das sind die Tage vom 11. bis zum 15. Mai; danach tritt kaum noch Nachtfrost auf, sodass dann der Startschuss für die Aussaat aller Gemüsesorten fällt. Gemüse, die nicht vor den Eisheiligen in den Boden wollen, sind zum Beispiel Bohnen, Tomaten und Paprika.

Endlich ist es Zeit für die echte Arbeit: die Aussaat ins Freiland. Sorgen Sie immer für lockeren, gut gedüngten Boden, bevor Sie mit der Aussaat beginnen. Säen Sie auf keinen Fall in zu nassen Boden, denn dann verfaulen die Samen sofort. Gehen Sie in folgenden Schritten vor:

- Drücken Sie eine Vertiefung von 1–2 cm in den Boden.
- Geben Sie etwas Dünger oder Pflanzerde hinein (außer bei Wurzelgemüse).
- Legen Sie die Samen hinein.
- Schließen Sie die Vertiefung.
- Drücken Sie den Boden leicht an.
- Gießen Sie ausreichend mit einer Gießkanne mit Brausekopf (sonst ist der Wasserstrahl zu stark und die Samen werden weggespült).

Es gibt zwei verschiedene Methoden, wie Sie säen können. Entscheiden Sie je nach Gemüseart und Ihrer persönlichen Vorliebe. Sie können in einer Reihe säen oder breitwürfig aus dem Handgelenk.

Zum Säen in einer Reihe spannen Sie eine Schnur oder legen Sie eine lange Latte auf den Boden. Entlang dieser Linie legen Sie die Samen aus und füllen das ganze Beet Reihe für Reihe. Das Praktische an diesem System ist, dass Sie sofort sehen, was Unkraut ist und was nicht: Alles, was außer der Reihe seinen Kopf herausstreckt, ist Unkraut. Das lässt sich dann auch mechanisch problemlos entfernen; Sie brauchen nur mit einer Hacke durch die Reihen zu gehen, um alles sauber zu haben.

> **-TIPP-**
>
> Wenn Sie Gemüse säen, das sehr langsam wächst, etwa Pastinaken, dann mischen Sie Kressesamen darunter – die gehören zur schnellen Truppe. Somit werden die Reihen schon nach ein paar Tagen sichtbar und Sie erkennen, wo später Ihre Pastinaken wachsen.

GÄRTNER DICH GLÜCKLICH

Breitwürfig säen Sie, wie die Beschreibung vermuten lässt, buchstäblich aus dem Handgelenk. Spinat können Sie beispielsweise gut auf diese Weise säen. Nehmen Sie Spinatsamen in die Hand und streuen Sie sie auf ein Stück gelockerten Boden. Folgen Sie den Grundschritten beim Säen und lassen Sie die Pflanzen wachsen. Wenn Sie sehen, dass einige Pflänzchen zu dicht beieinander sitzen, entfernen Sie das schwächere von zweien.

Dieses Vorgehen nennt man Ausdünnen, es ist vor allem bei Kopfsalat und Möhren wichtig. Wenn die Keimlinge zu dicht nebeneinander stehen, haben sie nicht genug Platz, Licht und Nährstoffe, um gut zu gedeihen. In diesem Fall ist es besser, ein gutes Exemplar zu bekommen als zwei mickerige. Lassen Sie immer die stärksten Pflänzchen stehen und entfernen Sie die kleineren, die zu dicht sitzen.

> **— TIPP —**
>
> Denken Sie beim Aussäen immer an die endgültige Größe des Gemüses. Bei Radieschen können Sie die Samen relativ dicht nebeneinander legen, für Kopfsalat sollten Sie mehr Platz vorsehen. Ein Kopfsalat ist eben größer als ein Radieschen.
>
> Säen und pflanzen Sie zu verschiedenen Zeiten, dann können Sie über einen längeren Zeitraum ernten. Oder Sie müssen sich überlegen, wie Sie zehn Kohlköpfe verarbeiten, die alle gleichzeitig erntereif sind!

GÄRTNER DICH GLÜCKLICH

Wer steht wo?

Nichts ist so lästig, wie nicht mehr zu wissen, was man wo gesät hat. Anfangs denken Sie, dass Sie sich das alles merken können. Aber glauben Sie mir: Wenn es mehr wird, ändert sich das schnell. Unangenehme Überraschungen können auftauchen: Die Pastinaken sind zum Beispiel gesät, da aber noch kein Grün sichtbar ist, säen Sie aus Versehen Radieschen dazu. Oder Sie wissen nicht mehr genau, ob Sie schon Rettich gesät haben, säen noch einmal und bleiben am Ende auf einer Riesenmenge sitzen – alles schon dagewesen. Zum Glück gibt es dekorative Lösungen: selbst gebastelte Namensschilder!

Von einer Plastikflasche Streifen ausschneiden und mit wasserfestem Marker beschriften.

Fondue-Gabeln werden dank Filzstift zum Etikett.

Diese Schilder sind aus Ton geformt und mit Stempel bedruckt.

Schaschlikspieße oder Eisstiele aus Holz werden mit Kugelschreiber zum Infoschild.

Rührhölzer für Farbe verwandelt man mit Tafellack und Kreidestift.

GÄRTNER DICH GLÜCKLICH

GÄRTNER DICH GLÜCKLICH

SORGENKINDER
Bestimmtes Gemüse braucht anfangs etwas zusätzliche Pflege. Es lohnt sich auf jeden Fall, diese etwas zu verwöhnen, damit sie zu schönem Gemüse heranwachsen, auf das Sie zu Recht stolz sein können.

ERDBEEREN

Bei den Erdbeeren steckt die Hauptarbeit in der Vorbereitung; sind sie erst einmal gepflanzt, haben Sie kaum noch Aufwand damit. Setzen Sie die Pflanzen in ein Hügelbeet mit schrägen Seiten. Auf diese Weise läuft überschüssiges Wasser schnell ab und die Früchte faulen nicht. Um Unkraut fernzuhalten, decken Sie das Erdbeerbeet mit schwarzer Plastikfolie oder mit Unkrautvlies ab. Ich nehme lieber Unkrautvlies, weil das Wasser schneller durchdringt und die Pflanzen weniger leicht austrocknen. Befestigen Sie das Vlies an den Beeträndern fest im Boden. Schneiden Sie es mit dem Teppichmesser an den Stellen kreuzweise ein, wo die Erdbeeren eingepflanzt werden, setzen Sie die Pflanzen in die Löcher und gießen Sie gründlich. Legen Sie zwischen den Pflanzen Stroh auf die Matte, damit die Erdbeeren sauber reifen können. Wenn Schlamm an die Früchte kommt, schimmeln sie, bevor sie reif werden. Machen Sie im Frühjahr das Beet sauber, indem Sie dürres Laub und kranke Pflanzen entfernen.

GÄRTNER DICH GLÜCKLICH

Sorgenkind!

ERBSEN UND BOHNEN

Diese Schlinger brauchen etwas Hilfe beim Wachsen in die Höhe. Bauen Sie eine Haube aus Hühnerdraht, stecken Sie sie in den Boden und säen Sie dicht daneben. Helfen Sie den Erbsen, wenn sie auflaufen, indem Sie die wachsenden Pflänzchen in den Draht haken und sie leiten. Wenn sie ihn erst einmal gefunden haben, geht es ganz schnell! Auch Bohnen wachsen am liebsten nach oben, an Stangen oder gespannten Drähten. Lesen Sie dazu auch auf S. 62.

BOHNEN
Bohnen wachsen am liebsten in die Höhe.

GÄRTNER DICH GLÜCKLICH

TOMATEN

Tomaten brauchen viel Aufmerksamkeit. Das beginnt schon bei ihren zarten Anfängen: Ziehen Sie Tomaten im Haus vor und pflanzen Sie sie erst nach den Eisheiligen ins Freiland. Setzen Sie die Jungpflanzen tief genug in den Boden, mit zusätzlichem Kompost und reichlich Wasser. Lassen Sie dazwischen etwa 50 cm Abstand, sonst haben Pilzkrankheiten ein leichtes Spiel. Tomatenpflanzen sind im Wuchs nicht sehr stabil und brauchen eine Stütze. Binden Sie die Pflanze an einen kräftigen Stab und wiederholen Sie das während des Wachstums nach Bedarf. Tomaten vertragen außerdem überhaupt keinen starken Regen oder Wind. Pflanzen Sie sie deshalb an einen geschützten Platz und bauen Sie eventuell ein kleines Dach darüber, damit sie den Elementen nicht ganz schutzlos ausgeliefert sind.

GÄRTNER DICH GLÜCKLICH

MAIS

Bei Mais ist es wichtig, dass Sie nicht in einer Reihe säen, sondern in Gruppen. So können die Pflanzen einander gut bestäuben.

MINZE

Minze wuchert ziemlich! Nach einem Jahr können die Wurzeln den ganzen Gemüsegarten unterwandert haben, sodass Ihnen plötzlich überall Minze entgegenwächst. Um das zu vermeiden, können Sie die Pflanze in einen Topf sperren. Graben Sie einen Plastik- oder Tontopf so ins Beet ein, dass nur noch der obere Rand sichtbar ist. Pflanzen Sie die Minze in den Topf hinein, dann ist der restliche Gemüsegarten sicher!

GÄRTNER DICH GLÜCKLICH

TOMATEN

Tomaten brauchen viel Aufmerksamkeit. Das beginnt schon bei ihren zarten Anfängen: Ziehen Sie Tomaten im Haus vor und pflanzen Sie sie erst nach den Eisheiligen ins Freiland. Setzen Sie die Jungpflanzen tief genug in den Boden, mit zusätzlichem Kompost und reichlich Wasser. Lassen Sie dazwischen etwa 50 cm Abstand, sonst haben Pilzkrankheiten ein leichtes Spiel. Tomatenpflanzen sind im Wuchs nicht sehr stabil und brauchen eine Stütze. Binden Sie die Pflanze an einen kräftigen Stab und wiederholen Sie das während des Wachstums nach Bedarf. Tomaten vertragen außerdem überhaupt keinen starken Regen oder Wind. Pflanzen Sie sie deshalb an einen geschützten Platz und bauen Sie eventuell ein kleines Dach darüber, damit sie den Elementen nicht ganz schutzlos ausgeliefert sind.

GÄRTNER DICH GLÜCKLICH

PLATZ SPAREN UND MISCHKULTUR

Platz sparen

Es gibt mehrere Möglichkeiten, wie Sie im Gemüsegarten Platz sparen können. Die erste besteht darin, langsam und schnell wachsende Pflanzen zu kombinieren. Rosenkohl ist ein gutes Beispiel: Setzen Sie ihn etwas weiter auseinander, sodass Sie zwischen den langsam wachsenden Kohlpflanzen Radieschen und Kopfsalat ernten können. Mais und Kürbis sind ebenfalls eine gute Kombination. Der Mais ist schon in die Höhe geschossen, wenn der Kürbis in die Gänge kommt. Er kann sich gemütlich zwischen den Halmen ausbreiten – Platz, der sonst ungenutzt bliebe.
Nach der ersten leckeren Ernte werden Sie leere Flecken in Ihrem Garten entdecken. Nutzen Sie diese Lücken für eine Nachkultur: Pflanzen Sie Wintergemüse, zum Beispiel Pastinaken, winterharte Zwiebeln und Winterspinat. An die Stelle, wo der Frühjahrsspinat saß, können Sie jetzt Möhren säen.
Eine andere tolle Platzspar-Methode, die auch noch schön aussieht, ist eine Pergola für die Bohnen. Bauen Sie eine Holzkonstruktion über einen Weg und lassen Sie Ihre Bohnen daran hochklettern. Das spart Platz im Gemüsebeet und Sie bekommen ein schönes grünes Dach über dem Weg.

-TIPP-

Wenig Platz im Gemüsegarten? Binden Sie Ihre Zucchini auf, damit sie sich weniger breit machen. Stecken Sie einen Stab zum Haupttrieb, sodass dieser in die Höhe klettert, statt am Boden entlang zu kriechen.

GÄRTNER DICH GLÜCKLICH

Mischkultur

Als Mischkultur bezeichnet man die Methode, verschiedenes Gemüse bewusst nebeneinander zu setzen oder eben nicht. Das Ziel dabei ist vor allem, Krankheiten und Schädlinge zu vermeiden. Ein erster Schritt ist der Fruchtwechsel (siehe S. 20), bei dem Sie Ihr Gemüse jedes Jahr an einen anderen Platz setzen. Außerdem gibt es Gemüse und Blumen, die sich gegenseitig schützen. Überlegen Sie mal: Wenn Sie die Wahl haben, die Zwiebelfliege aktiv zu bekämpfen oder diese Arbeit den Blumen zu überlassen, ist die Entscheidung doch schnell getroffen.

- Lauch ist sehr anfällig für die Zwiebelfliege. Zum Glück gibt es etliche andere Gemüsearten und Pflanzen, die Sie in die Nähe setzen können, um die Fliege fernzuhalten. Als Gemüse eignen sich Möhren, Knollen- und Stangensellerie, oder Sie pflanzen Studentenblumen. Sie werden auch Sammet- oder Totenblumen genannt und vertreiben mit ihrem typischen Geruch die Zwiebelfliege.
- Zwiebeln und Möhren sollten Sie am besten nebeneinander säen. Die gefürchtete Möhrenfliege hasst nämlich den Geruch von Zwiebeln.
- Kartoffeln, Tomaten und Erdbeeren dürfen Sie nicht nebeneinander pflanzen. Diese Gewächse ziehen nämlich dieselben Krankheiten an und können einander daher schnell infizieren.

Kapitel 5 / PFLEGEN

GÄRTNER DICH GLÜCKLICH

– PFLEGEN –

Wenn alles fertig geplant ist, kann die echte Arbeit anfangen! Mutter Natur tut ihr Bestes, aber es schadet nicht, hier und da ein bisschen nachzuhelfen. Was Ihnen dabei mit Sicherheit hilft – auf mehr als einer Ebene – ist ein Komposthaufen. Manche Gemüse brauchen während des Wachstums auch etwas mehr Aufmerksamkeit und Verwöhneinheiten, damit Sie später umso mehr von ihnen haben.

BEWÄSSERN

Das Wetter in unseren Breiten liefert schon viel Regen, trotzdem werden Sie in Ihrem Garten hin und wieder gießen müssen. Und das geht wie von selbst mit diesen Tipps:

- Verwenden Sie möglichst Regenwasser für den Gemüsegarten. Es enthält weniger Kalk als Leitungswasser, ist billig und schont die Umwelt. Eine Regentonne in der Nähe des Gemüsegartens ist also kein überflüssiger Luxus.
- Gießen Sie lieber einmal in der Woche viel als jeden Tag ein bisschen.
- Gießen Sie im Frühjahr und im Herbst besser morgens als abends. Tagsüber hat der Boden genug Zeit, um das Wasser zu verarbeiten; nachts ist er oft zu kalt, sodass die Pflanzen eher nasse Füße bekommen, wenn sie abends gegossen werden. Tomaten bekommen im Allgemeinen lieber morgens Wasser, weil sie sonst leichter von Pilzkrankheiten befallen werden.
- Im Sommer, bei Trockenheit, müssen Sie Ihre Pflanzen vor allem am Abend reichlich wässern. Gießen Sie nie, wenn die Sonne tagsüber hoch am Himmel steht. Dadurch können Ihre Pflanzen einen Sonnenbrand bekommen und das Wasser verdunstet zum größten Teil ungenutzt, bevor es die Wurzeln erreicht.
- Tomaten mögen kein Wasser auf ihren Blättern. Deshalb gießt man das Fruchtgemüse am besten am Fuß der Pflanze. Hilfreich ist es, das abgeschnittene obere Ende einer PET-Flasche neben der Tomatenpflanze in den Boden zu stecken. Dann gießen Sie das Wasser in die Flasche und es hat so die Möglichkeit, tief in den Boden einzudringen, bis zu den Wurzeln der Pflanze. Diesen Trick können Sie übrigens auch bei Melonen anwenden.

GÄRTNER DICH GLÜCKLICH

Gießkanne Marke Eigenbau

Keine Gießkanne mit feinem Brausekopf vorhanden? Sie müssen nicht gleich in den nächsten Gartenmarkt eilen: Aus einer Plastikflasche bauen Sie sich schnell selbst eine!

Löcher in den Deckel bohren

PFLANZENPFLEGE

Sie haben ja schon gelernt, dass jedes Gemüse etwas anders tickt. Deshalb finden Sie hier noch mal ein paar Spezialtipps zur Pflege der jeweiligen Kulturen.

ERDBEEREN

Gegen Ende des Frühjahrs sehen Sie, dass die Erdbeerpflanzen Ausläufer bilden. Aus der Mutterpflanze wachsen dann mehrere „Arme", an denen neue Erdbeerpflanzen entstehen. Diese erkennen Sie an ihren kleinen Blättchen in Kombination mit einem Büschel dünner Wurzeln. Stellen Sie unter jede neue Erdbeerpflanze einen kleinen Topf mit Erde und drücken Sie sie fest an. Die Pflänzchen haben den ganzen Sommer über Zeit, gut anzuwachsen und groß zu werden. Ist der Trieb, der die Mutterpflanze mit dem Nachwuchs verbindet, braun und dürr, wird es Zeit, ihn abzuschneiden. Mit den neuen Pflanzen können Sie ein neues Erdbeerbeet anlegen. Die Mutterpflanze hält zwei oder drei Jahre durch. Dann wird es Zeit, sie zu entsorgen und von ihren Nachkommen zu ernten.

BOHNEN

Junge Bohnenpflanzen müssen Sie anhäufeln, um sie gegen Windböen zu schützen. Erhöhen Sie den Boden rund um den Stängel, sodass dieser unterstützt wird und schön gerade wächst. Es lohnt sich auf jeden Fall, Ihre Bohnenpflanzen etwas zu verwöhnen, denn Bohnen belohnen! Bohnen tragen viel und lange: Solange Sie welche ernten, wachsen sie immer wieder nach. Wenn sich die ersten Bohnen zeigen, können Sie sogar bis zu zweimal die Woche ernten. Stangenbohnen können Sie außerdem entspitzen, wenn Sie möchten. Hat die Pflanze das obere Ende ihres Klettergerüstes erreicht, können Sie das oberste Stück entfernen. So kann die Pflanze nicht mehr (unnötig) weiterklettern.

GÄRTNER DICH GLÜCKLICH

HIMBEEREN

Himbeeren bilden, genau wie Erdbeeren, Ausläufer. Schneiden Sie im Frühjahr alte, graue Ruten vom Strauch ab und binden Sie die neuen Triebe an einen waagrecht gespannten Draht oder an höher hängende Zweige. Halten Sie aber die Anzahl neuer Triebe etwas unter Kontrolle. Nehmen Sie lieber ein paar weg, als sie alle zu behalten, sonst wachsen sie innerhalb kürzester Zeit in Nachbars Garten.

LAUCH

Junge Lauchpflanzen sollten Sie ebenfalls anhäufeln – also den Boden rund um die Pflanze leicht aufschütten –, sodass der weiße Teil des Sprosses länger wird. Je mehr Weiß, desto besser! Wenden Sie diesen Tipp auch bei Ihrem Rettich an. Außerdem können Sie Ihre Lauchpflanzen noch besser vor der Zwiebelfliege schützen, indem Sie eine Schicht Tannennadeln als Mulch ausbringen. Zusatzbonus: Sie haben weniger Unkraut!

SPINAT & SALAT

Für den Spinat und den Schnittsalat gilt dieselbe Regel wie für die Bohnen: Wenn Sie einzelne Blätter abschneiden, wachsen neue nach. Ziehen Sie also nicht die ganze Pflanze aus dem Boden, sonst ist der Erntesegen schnell vorbei.

Tomaten müssen Sie regelmäßig auf Geiztriebe kontrollieren. Das sind kleine Triebe, die in den Achseln der Pflanze wachsen, also in den Winkeln zwischen dem Hauptspross und den Seitentrieben. Sie ziehen Nährstoffe und Energie aus der Pflanze, bilden aber keine Früchte. Entfernen Sie sie also! Nehmen Sie den Trieb zwischen die Finger und ziehen Sie ihn vorsichtig von der Pflanze ab, ohne den Haupttrieb zu beschädigen. Haben Sie Trauben im Garten? Auch sie haben unter den Geiztrieben zu leiden. Tomatenpflanzen können Sie so hoch werden lassen, wie Sie möchten, aber Sie können sie auch entspitzen. Dann entfernen Sie den obersten Teil der Pflanze, sodass diese nicht weiter in die Höhe wächst. Die Nährstoffe werden dann an die Früchte verteilt, die schon vorhanden sind, und das ist sicher nicht schlecht. Beim Entspitzen der Tomatenpflanze lassen Sie ein Blatt über der höchsten Tomatentraube hängen und schneiden den Rest der Pflanze darüber ab.

GÄRTNER DICH GLÜCKLICH

Bienenhotel

Bienen sind die Heldinnen des Gemüsegartens. Ohne Bienen keine Bestäubung und ohne Bestäubung kein Gemüse. Die Bienenpopulation stand in den letzten Jahrzehnten stark unter Druck, unter anderem durch den Gebrauch von Insektiziden. Die Bienen können Ihre Hilfe also wirklich gut gebrauchen. Pflanzen Sie Blumen in die Nähe Ihres Gemüsegartens, um sie anzulocken, und bauen Sie ein Bienenhotel, wo sie ihre Eier ablegen können.

Verwenden Sie für Ihr Bienenhotel eine runde Holzschachtel, zum Beispiel eine Käseschachtel. Sägen Sie Bambusstangen in Stücke, die so lang sind, wie die Schachtel tief ist. Stecken Sie die Schachtel voll mit den Stücken, und schon kann das Hotel die ersten Gäste empfangen.

Statt einer Käseschachtel können Sie auch ein Stück PVC-Rohr verwenden.

-TIPP-

Zitronenmelisse im Gemüsegarten lockt ebenfalls Bienen an. Außerdem können Sie sie pflücken und gegen Fliegen ins Zimmer legen. Passen Sie aber auf: Diese Pflanze kann ernsthaft wuchern. Säen Sie sie lieber in Töpfe aus, wie Minze (siehe S. 59).

GÄRTNER DICH GLÜCKLICH

GÄRTNER DICH GLÜCKLICH

DÜNGEN

Das ganze Jahr über können Sie die Erde in Ihrem Gemüsegarten mit Dünger anreichern. Aber vor allem bei Winteranbruch sollten Sie den Boden gut mit Dünger füttern. Sie können mit verschiedenem organischem Material düngen. Hühner- oder Taubenmist ist zum Beispiel sehr fruchtbar. Verdünnen Sie ihn etwas mit Wasser, dann haben Sie ein gutes Düngemittel. Außerdem können Sie selbst Brennnesseljauche herstellen, die mit reichlich Stickstoff nicht nur die Pflanzen ernährt, sondern auch Insekten fernhält.

Wenn das meiste Gemüse geerntet ist und der Winter kommt, wird es Zeit, den Boden zu bedecken. So vermeiden Sie, dass der Regen wichtige Nährstoffe ausspült, Unkraut die Oberhand gewinnt und der Boden erschöpft wird. Verteilen Sie eine gute Schicht Dünger oder Kompost – möglichst vom eigenen Komposthaufen – auf den Beeten und decken Sie diese mit einer weiteren Schicht organischem Material ab, etwa Stroh und ein bisschen Erde, damit nicht alles wegfliegt. Den Winter über hat der Dünger reichlich Zeit, einzuziehen. Der Boden lädt seine Akkus wieder auf und verwandelt sich in humusreiche Gartenerde. Ist der Winter vorüber, nehmen Sie die obere Schicht mit dem Stroh weg und der Boden ist bereit für eine weitere, ertragreiche Gemüsesaison.

Den Boden mit Dünger abzudecken ist nicht die einzige Möglichkeit. Sie können auch Gründüngung als Bodendecker nutzen. Das sind Pflanzen, die Sie im Herbst auf die brachliegenden Flächen säen, damit sie den Boden schützen und verbessern. Beispiele dafür sind Klee, (Winter-)Roggen und Senf. Im Frühjahr, wenn Sie den Boden vorbereiten, können Sie die Pflanzen beim Umgraben einarbeiten, sodass sie dem Boden noch mehr Nährstoffe bringen.

Rezept Brennnesseljauche

1. Einen Eimer mit Brennnesseln füllen und mit Wasser bedecken.
2. Jeden Tag kräftig umrühren und gut ziehen lassen, bis es nach einigen Tagen fürchterlich zu stinken beginnt.
3. Die Brennnesseln herausnehmen und fertig ist die Jauche.
4. Gießen Sie damit einmal pro Woche abends die Pflanzen direkt über der Erde; die Jauche nur stark verdünnt (1:10) anwenden.

-TIPP-

Säen Sie nicht überall einfach mal Gründüngung aus. Es gibt zum Beispiel Gründünger-Pflanzen, die zur Kohlfamilie gehören. Säen sie diese, um Kohlhernie vorzubeugen, nicht in das Beet, wo vorher Kohl gewachsen ist oder demnächst wachsen soll.

Hühnermist

DÜNGER

KOMPOSTHAUFEN

Einen Komposthaufen sollten Sie nicht als Abfallhaufen betrachten, sondern als kleine, ertragreiche Düngerfabrik. Sie können dort allerlei organische Reste entsorgen und bekommen – wenn Sie ein bisschen auf den Aufbau achten – guten Dünger dafür.

Sie bauen Ihren Komposthaufen auf, indem Sie immer zwei Schichten – eine grüne und eine braune – abwechselnd aufsetzen. Eine grüne Schicht besteht aus Gras und Gemüseabfall, eine braune aus Laub, Zweigen und eventuell Karton oder Zeitungspapier. Indem Sie die Schichten immer abwechseln, sorgen Sie für Luft im Haufen, was die Kompostierung fördert. Am besten planen Sie zwei Komposthaufen für Ihren Garten ein. Ist der eine voll, können Sie alles auf den leeren Platz umschichten, sodass wieder Luft in den Kompost kommt. Achten Sie darauf, dass der Kompostplatz im Schatten liegt; in der Sonne trocknet der Kompost nämlich leicht aus.

Ein Komposthaufen ist sehr praktisch, weil Sie dort viel Abfall loswerden können, aber Sie können natürlich nicht einfach alles dort abladen. Beispielsweise gehört Unkraut, das schon Samen gebildet hat, nicht auf den Kompost. Die Samen des Unkrauts landen auf diesem Weg in Ihrem Kompost und das kann zu unangenehmen Überraschungen führen, nachdem Sie mit Kompost gedüngt haben. Erschrecken Sie deshalb auch nicht, wenn Sie plötzlich überall Kürbispflänzchen aufgehen sehen, wo Sie gedüngt haben; in so einem Kürbis sitzen eine Menge Kerne!

GÄRTNER DICH GLÜCKLICH

Was darf auf den Komposthaufen?

Grünabfälle aus dem Garten und der Küche
Obstreste
Teebeutel
Kaffeefilter
Pferdemist
Gras (aber nicht zu viel)
Zweige und kleiner Grünschnitt
abgefallene Blätter und Nadeln
Hühnermist
kleines Unkraut (das noch keine Samen gebildet hat)
verwelkte Blumen
Heu und Stroh

Hühnermist

KOMPOSTHAUFEN

Einen Komposthaufen sollten Sie nicht als Abfallhaufen betrachten, sondern als kleine, ertragreiche Düngerfabrik. Sie können dort allerlei organische Reste entsorgen und bekommen – wenn Sie ein bisschen auf den Aufbau achten – guten Dünger dafür.

Sie bauen Ihren Komposthaufen auf, indem Sie immer zwei Schichten – eine grüne und eine braune – abwechselnd aufsetzen. Eine grüne Schicht besteht aus Gras und Gemüseabfall, eine braune aus Laub, Zweigen und eventuell Karton oder Zeitungspapier. Indem Sie die Schichten immer abwechseln, sorgen Sie für Luft im Haufen, was die Kompostierung fördert. Am besten planen Sie zwei Komposthaufen für Ihren Garten ein. Ist der eine voll, können Sie alles auf den leeren Platz umschichten, sodass wieder Luft in den Kompost kommt. Achten Sie darauf, dass der Kompostplatz im Schatten liegt; in der Sonne trocknet der Kompost nämlich leicht aus.

Ein Komposthaufen ist sehr praktisch, weil Sie dort viel Abfall loswerden können, aber Sie können natürlich nicht einfach alles dort abladen. Beispielsweise gehört Unkraut, das schon Samen gebildet hat, nicht auf den Kompost. Die Samen des Unkrauts landen auf diesem Weg in Ihrem Kompost und das kann zu unangenehmen Überraschungen führen, nachdem Sie mit Kompost gedüngt haben. Erschrecken Sie deshalb auch nicht, wenn Sie plötzlich überall Kürbispflänzchen aufgehen sehen, wo Sie gedüngt haben; in so einem Kürbis sitzen eine Menge Kerne!

Hühnermist

KOMPOSTHAUFEN

Einen Komposthaufen sollten Sie nicht als Abfallhaufen betrachten, sondern als kleine, ertragreiche Düngerfabrik. Sie können dort allerlei organische Reste entsorgen und bekommen – wenn Sie ein bisschen auf den Aufbau achten – guten Dünger dafür.

Sie bauen Ihren Komposthaufen auf, indem Sie immer zwei Schichten – eine grüne und eine braune – abwechselnd aufsetzen. Eine grüne Schicht besteht aus Gras und Gemüseabfall, eine braune aus Laub, Zweigen und eventuell Karton oder Zeitungspapier. Indem Sie die Schichten immer abwechseln, sorgen Sie für Luft im Haufen, was die Kompostierung fördert. Am besten planen Sie zwei Komposthaufen für Ihren Garten ein. Ist der eine voll, können Sie alles auf den leeren Platz umschichten, sodass wieder Luft in den Kompost kommt. Achten Sie darauf, dass der Kompostplatz im Schatten liegt; in der Sonne trocknet der Kompost nämlich leicht aus.

Ein Komposthaufen ist sehr praktisch, weil Sie dort viel Abfall loswerden können, aber Sie können natürlich nicht einfach alles dort abladen. Beispielsweise gehört Unkraut, das schon Samen gebildet hat, nicht auf den Kompost. Die Samen des Unkrauts landen auf diesem Weg in Ihrem Kompost und das kann zu unangenehmen Überraschungen führen, nachdem Sie mit Kompost gedüngt haben. Erschrecken Sie deshalb auch nicht, wenn Sie plötzlich überall Kürbispflänzchen aufgehen sehen, wo Sie gedüngt haben; in so einem Kürbis sitzen eine Menge Kerne!

KOMPOSTHAUFEN

Abfall

— TIPP —

Kein Platz für einen großen Komposthaufen? Eine Komposttonne tut es auch.

Komposttonne

Kürbiskern, der im Kompost austreibt

GÄRTNER DICH GLÜCKLICH

Was darf auf den Komposthaufen?

Grünabfälle aus dem Garten und der Küche
Obstreste
Teebeutel
Kaffeefilter
Pferdemist
Gras (aber nicht zu viel)
Zweige und kleiner Grünschnitt
abgefallene Blätter und Nadeln
Hühnermist
kleines Unkraut (das noch keine Samen gebildet hat)
verwelkte Blumen
Heu und Stroh

Was darf nicht auf den Komposthaufen?

gekochte oder gebackene Essensreste
(locken Ratten an)
Fleisch- oder Fischreste
Soßen- und Ölreste
Unkraut mit Samen
großer Grünschnitt
Inhalt des Katzenklos
kranke Pflanzen, etwa Kohl mit Kohlhernie
Erde oder Sand
behandelte Zitrusschalen, Bananenschalen
oder Ananasabfall

Kapitel 6 /

VORBEUGEN

GÄRTNER DICH GLÜCKLICH

- VORBEUGEN -

Während Sie geduldig auf die erste Ernte warten, kann auch einiges schiefgehen. Es gibt da diese Tierchen, die genauso verrückt nach Ihrem Kohl und Ihrem Salat sind wie Sie, die aber leider weniger Geduld haben. Außerdem kann Ihr Gemüse Krankheiten zum Opfer fallen. Wie Sie all dieses Unheil vermeiden können, und zwar auf eine Art und Weise, die der Natur möglichst wenig schadet, lesen Sie hier.

SCHÄDLINGE UND NÜTZLINGE

Es ist wichtig, dass Sie Ihr Gemüse öfters auf Unregelmäßigkeiten kontrollieren, auf Eier oder ausgewachsene Insekten, damit Sie schnell eingreifen können. Verwenden Sie möglichst keine chemischen Bekämpfungsmittel; für jedes gemeine Krabbeltier gibt es eine umweltfreundliche Lösung. Vielleicht ist sie nicht immer besonders angenehm, kommt aber ohne Spritzmittel aus. Vertrauen Sie auch der Natur selbst. Es gibt auch Tiere, die Schädlinge unter Kontrolle halten – zum Beispiel Vögel oder Marienkäfer, die gern einmal eine Blattlaus naschen. Wenn die Anzahl der Blattläuse steigt, wächst auch die Population der Marienkäfer.

GÄRTNER DICH GLÜCKLICH

Blattläuse

Marienkäfer sind die Erzfeinde der Blattläuse. Aber auch andere Tiere, etwa Meisen oder Ohrwürmer, sind verrückt nach ihnen. Machen Sie es diesen natürlichen Blattlausfeinden also besonders gemütlich in Ihrem (Gemüse-)Garten. Blattläuse mögen keine Kapuzinerkresse, im Gegenteil! Ein weiterer großer Vorteil dieser Pflanze ist, dass die Blumen nicht nur dekorativ aussehen, sondern auch noch essbar sind.

Wenn Sie Blattläuse aktiv von einer Pflanze entfernen wollen, nehmen Sie Wasser mit etwas Neutralseife oder das Wasser, das von einer Handwäsche übrig bleibt. Begießen oder spritzen Sie die Pflanze damit, und nach ein paar Tagen ist keine Blattlaus mehr zu entdecken. Dieses Mittel wird schon seit Jahren von einer Generation zur anderen weitergegeben.

Marienkäferlarve = willkommen!

Kapuzinerkresse

GÄRTNER DICH GLÜCKLICH

Scharfe Kanten

Kochsalz

GÄRTNER DICH GLÜCKLICH

Kaninchen

Wenn Sie nicht weit von Wald oder Feld wohnen, werden Sie bestimmt Ärger mit Wildkaninchen bekommen. Sie sind natürlich unglaublich süß, aber sie neigen auch dazu, mit Ihrem Gemüse davonzuhoppeln. Das lässt sich leicht lösen: Spannen Sie einen Drahtzaun rund um den Gemüsegarten.

Kohlfliege

Dieser geflügelte Schurke tritt bei Kohl auf, aber auch bei Rettich und Radieschen. Die Fliege legt ihre Eier ganz in der Nähe der Gemüsepflanzen ab. Dann bohren sich die Larven einen Weg durch das Gemüse, das dadurch letztlich fault und verrottet. Sie können die Fliege auf verschiedene Weise bekämpfen:

- Spannen Sie vorbeugend ein Insektenschutznetz oder Vlies über das Gemüse.
- Halten Sie den Boden immer mit Mulch bedeckt, dann hat die Fliege weniger Gelegenheit, ihre Eier abzulegen.
- Die Fliege steuert den Geruch von Kohl an; wenn Sie Studentenblumen zwischen den Kohl pflanzen, führen Sie den Schädling in die Irre, und er fliegt in die falsche Richtung.
- Den Kohl ab und zu mit Brennnesseljauche zu gießen schadet sicher auch nicht!

Spannen Sie zur Vorbeugung gegen die Kohlfliege ein Insektenschutznetz über Ihr Gemüse.

Kohlweißling

Er ist zwar ein hübscher weißer Schmetterling, aber kein Freund des Gemüsegärtners, denn er legt Eier auf die Kohlpflanzen, am liebsten auf Blumenkohl. Daraus schlüpfen Raupen, die den Kohl auffressen. Verhindern Sie die Eiablage, indem Sie ein Insektenschutznetz über den Kohl spannen. Wenn Sie doch Raupen am Kohl finden, nehmen Sie sie weg und treten Sie darauf. Oder – etwas tierfreundlicher – setzen Sie sie weit weg von Ihrem Gemüsegarten aus.

Ameisen

Ameisen sind die Bundesgenossen der Blattläuse. Ameisen verbreiten die Blattläuse und schützen sie vor ihren Feinden, den Marienkäferlarven. Im Tausch dafür erhalten sie einen süßen Stoff, den die Blattläuse ausscheiden. Eine kleine Anzahl Ameisen schadet sicher nicht, aber wenn Sie ganze Kolonnen aufmarschieren sehen, wird es Zeit einzugreifen. Sie können vorbeugend reichlich Lavendel und Studentenblumen pflanzen. Der Geruch dieser Pflanzen hält Ameisen ab. Außerdem können Sie, wenn die Plage überhand nimmt, kochendes Wasser auf den Eingang des Ameisenhaufens gießen. Wiederholen Sie das, bis die Ameisen verschwunden sind.

GÄRTNER DICH GLÜCKLICH

Lauchmotte

Dieses lästige Tierchen befällt – wer hätte das gedacht – vor allem den Lauch. Spannen Sie Vlies über Ihren Lauch oder pflanzen Sie Studentenblumen mit ins Beet, um die Lauchmotte abzuwehren.

Schnecken

Zu den größten Schädlingen im Gemüsegarten gehören die Schnecken. Es gibt verschiedene Tricks, um sie fernzuhalten, aber hin und wieder werden Sie die Schlacht um den Salat auch verlieren.

Pflanzen Sie Studentenblumen zwischen den Lauch.

-TIPP-

Pflanzen und säen Sie ausreichend, vor allem beim Salat. Wenn die Schnecken dann einen Kopfsalat erbeuten und den Rest in Ruhe lassen, bleibt der Schaden überschaubar.

Entfernen Sie die Schnecken immer wieder, auch wenn das Gemüse schon ganz abgeerntet ist und von den schleimigen Gesellen nichts mehr zu befürchten ist. Im Herbst tun sie nämlich nichts lieber, als überall ihre Eier für die nächste Generation abzulegen, sodass Sie beim ersten frischen Grün im Frühjahr sofort wieder in den Kampf ziehen müssen gegen ein neues Schneckenheer.

- Bierfalle: eingegrabenes Gefäß, gefüllt mit Bier, darüber ein kleiner Regenschutz. Die Schnecken lassen sich vom Biergeruch anlocken und ertrinken in der Leckerei.
- Kochsalz oder kochendes Wasser: direkt auf die Schnecken geben. Sie können sich wahrscheinlich denken, was passiert ...
- Schere: morgens früh, wenn Sie alle Schnecken sehen, kurz die Zähne zusammenbeißen und jede Schnecke in der Mitte durchschneiden.
- „Diskuswerfen" mit Schnecken. Je weiter Sie werfen, desto besser! Mindestens 15 m sollten es sein, sonst finden sie wieder zurück.
- Scharfe Kanten: Schnecken mögen keine scharfen Kanten, vor allem, wenn diese dafür sorgen, dass ihre Unterseite aufgerissen wird. Getrocknete, zerbrochene Eierschalen, Stroh, scharfe Ränder von Plastikflaschen und noch vieles mehr können Sie einsetzen – es funktioniert alles!
- Blaue Körnchen: Schneckenkorn als letztes, bekanntestes Mittel. Verwenden Sie nur Bio-Schneckenkorn, das keine Gefahr für andere Tiere darstellt. Niemand möchte einen toten Igel oder gar eine Katze auf dem Gewissen haben!

Bierfalle

GÄRTNER DICH GLÜCKLICH

Scharfe Kanten

Kochsalz

Schere

Schneckenkorn

GÄRTNER DICH GLÜCKLICH

Weiße Fliege

Dieser Schädling befällt vor allem Tomaten und Kohl. Die Mottenschildläuse finden sich an der Unterseite der Blätter und sind an kleinen, hellen Flügeln zu erkennen. Spülen Sie die Unterseite der Blätter mit warmem Wasser ab, sodass die gelbgrünen Larven nicht schlüpfen können.

Möhrenfliege und Zwiebelfliege

Diese beiden Fliegen können viel Schaden anrichten, aber Sie können sie auf einfache Weise loswerden: Pflanzen Sie Möhren neben den Zwiebeln. Die Möhrenfliege hält sich vom Zwiebelgeruch fern, die Zwiebelfliege wird vom Geruch der Möhren abgeschreckt. Geben Sie Möhren und Zwiebeln keinen frischen Dünger. Damit locken Sie die Fliegen nur an!

Hühner

Haben Sie wirklich viele Insekten? Lassen Sie die Hühner los, buchstäblich. Sie picken die Nervensägen schnell auf und liefern Ihren Pflanzen dabei noch biologischen Dünger. Eine echte Win-Win-Lösung! Sie müssen allerdings darüber hinwegsehen, dass sie auch einmal ein Blättchen jungen Salat mitnehmen ...

Ohrwürmer

Diese Krabbeltiere sind im Gemüse- und im Obstgarten nützlich! Sie vernichten vor allem Läuse wie Apfelblutläuse und Blattläuse. Außerdem fressen sie gern Milben. Sorgen Sie dafür, dass die Ohrwürmer sich in Ihrem Garten wohlfühlen, indem Sie ihnen einen sicheren Schlafplatz anbieten. Tagsüber können sie sich dort vor den Vögeln verstecken, nachts fressen sie das ganze Ungeziefer auf.

Topf für Ohrwürmer

Ohrwürmer ziehen sich tagsüber gern an einen sicheren Ort zurück. Mit einem einfachen Blumentopf aus Ton und etwas Stroh bieten Sie ihnen ein ideales Versteck, wo sie es sich gemütlich machen können.

Strohhalme mit Schnur umwickeln. Strohbündel in den Tontopf stecken, dabei die Schnur durch das Loch im Boden führen.

Den Topf im Obstbaum aufhängen.

GÄRTNER DICH GLÜCKLICH

Vögel

Es ist sicher keine gute Idee, Vögel zu vertreiben, denn sie fressen andere Schädlinge, etwa Blattläuse. Eine Vogelscheuche brauchen Sie also nicht. Spannen Sie lieber ein Netz über die Pflanzen, an denen sich die Vögel gern niederlassen und naschen, etwa die Erdbeeren. Hängen Sie im Winter Futterknödel in die Obstbäume und den Gemüsegarten, um die Vögel zu unterstützen. Dann kommen sie im Sommer gern wieder und fressen lästige Insekten.

Brennnesseljauche

Dieses natürliche Mittel ist nicht nur ein guter Dünger, sondern verbreitet auch einen grässlichen Gestank, der Getier wie die Lauchmotte fernhält. Ein Rezept finden Sie auf S. 78.

Studentenblumen

Ich liebe Studentenblumen unter all ihren vielen Namen! Die orangen Blumen wirken nicht nur gut gegen die Zwiebelfliege, sondern halten auch Bodenälchen fern.

Topf für Ohrwürmer

Ohrwürmer ziehen sich tagsüber gern an einen sicheren Ort zurück. Mit einem einfachen Blumentopf aus Ton und etwas Stroh bieten Sie ihnen ein ideales Versteck, wo sie es sich gemütlich machen können.

Strohhalme mit Schnur umwickeln. Strohbündel in den Tontopf stecken, dabei die Schnur durch das Loch im Boden führen.

Den Topf im Obstbaum aufhängen.

GÄRTNER DICH GLÜCKLICH

Vögel

Es ist sicher keine gute Idee, Vögel zu vertreiben, denn sie fressen andere Schädlinge, etwa Blattläuse. Eine Vogelscheuche brauchen Sie also nicht. Spannen Sie lieber ein Netz über die Pflanzen, an denen sich die Vögel gern niederlassen und naschen, etwa die Erdbeeren. Hängen Sie im Winter Futterknödel in die Obstbäume und den Gemüsegarten, um die Vögel zu unterstützen. Dann kommen sie im Sommer gern wieder und fressen lästige Insekten.

Brennnesseljauche

Dieses natürliche Mittel ist nicht nur ein guter Dünger, sondern verbreitet auch einen grässlichen Gestank, der Getier wie die Lauchmotte fernhält. Ein Rezept finden Sie auf S. 78.

Studentenblumen

Ich liebe Studentenblumen unter all ihren vielen Namen! Die orangen Blumen wirken nicht nur gut gegen die Zwiebelfliege, sondern halten auch Bodenälchen fern.

GÄRTNER DICH GLÜCKLICH

Mulchen

- Erfolgt immer zwischen den Gemüsereihen.
- Es ist eine natürliche Düngemethode und bringt Nährstoffe in den Boden.
- Eine Mulchdecke hält den Boden feucht und wärmt die Erde.
- Sie unterdrücken damit Unkraut.
- Scharfkantiger Mulch wie Stroh hält Schnecken fern. Grüner Mulch wie Rasenschnitt lockt dagegen Schnecken an.
- Bringen Sie den Mulch erst aus, wenn die Keimlinge sichtbar aufgelaufen sind, sonst bekommt die Saat zu wenig Licht und keimt nicht.
- Verschiedene Materialien: Rasenschnitt, Hanfflocken, Stroh, Rinden- und Holzschnitzel, Tannennadeln, aber auch Zeitungen und brauner Karton eignen sich.

GÄRTNER DICH GLÜCKLICH

Mulchen

- Erfolgt immer zwischen den Gemüsereihen.
- Es ist eine natürliche Düngemethode und bringt Nährstoffe in den Boden.
- Eine Mulchdecke hält den Boden feucht und wärmt die Erde.
- Sie unterdrücken damit Unkraut.
- Scharfkantiger Mulch wie Stroh hält Schnecken fern. Grüner Mulch wie Rasenschnitt lockt dagegen Schnecken an.
- Bringen Sie den Mulch erst aus, wenn die Keimlinge sichtbar aufgelaufen sind, sonst bekommt die Saat zu wenig Licht und keimt nicht.
- Verschiedene Materialien: Rasenschnitt, Hanfflocken, Stroh, Rinden- und Holzschnitzel, Tannennadeln, aber auch Zeitungen und brauner Karton eignen sich.

GÄRTNER DICH GLÜCKLICH

KRANKHEITEN

Auch Gemüse kann Krankheiten zum Opfer fallen. Sie können dem vorbeugen, indem Sie mit Fruchtwechsel arbeiten. Wenn Sie jedes Jahr Gemüse einer Familie an einen anderen Platz setzen, haben die Krankheiten weniger Gelegenheit, zuzuschlagen. Die Kultur ändert sich und der Boden wird auf andere Weise genutzt (siehe S. 20). Auch Mischkultur spielt eine wichtige Rolle, um Krankheiten vorzubeugen (siehe S. 64).

Außerdem gibt es noch zwei Dinge bei der Aussaat zu beachten, die Ihnen helfen, Krankheiten zu vermeiden. Vor allem kommt es darauf an, dass Sie nicht zu dicht säen. Wenn die Luft zwischen den Pflanzen nicht richtig zirkulieren kann, steigen die Chancen für Pilzkrankheiten. Außerdem kann sich das Gemüse nicht voll entwickeln, wenn es zu dicht nebeneinander steht, das führt zu kleinen Kohlköpfen, Lauchstangen, Zucchini und so weiter.

Wenn Sie eine bestimmte Gemüsesorte lieben und viel davon säen wollen, tun Sie das am besten an verschiedenen Stellen und neben verschiedenem anderem Gemüse. So haben Krankheiten weniger Gelegenheit, sich im Gemüsebeet auszubreiten.

Es gibt verschiedene Krankheiten, die Ihren Gemüsegarten plagen können, und wie man damit umgeht, unterscheidet sich oft von einem Garten zum nächsten. Drei der häufigsten Krankheiten sind Kohlhernie, Mehltau und die Kraut- und Knollenfäule.

Kohlhernie

Das ist eine Krankheit, die vor allem Kohlgemüse befällt. Sie zeigt sich in Form einer Verdickung an der Wurzel der Kohlpflanze, und diese geht letzten Endes ein. Es gibt einige vorbeugende Maßnahmen: Pflanzen Sie Ihren Kohl jedes Jahr an einem anderen Platz, pflanzen Sie früh genug und geben Sie etwas Kalk in den Boden. Wenn eine Pflanze erst einmal von Kohlhernie befallen ist, haben Sie keine andere Möglichkeit, als sie möglichst schnell aus dem Gemüsegarten zu entfernen (nicht auf den Kompost!).

Mehltau

Mehltau ist eine Pilzkrankheit, die man an dem weißen „Schleier" erkennt, der die Blätter überzieht. Mehltau bremst das Wachstum der Pflanzen stark. Auch hier ist es wichtig, alles weit genug auseinander zu setzen, sodass die Luft gut zirkulieren kann und alles schnell trocknet. Geben Sie den Pflanzen außerdem bei trockener, warmer Witterung reichlich Wasser und schneiden Sie befallene Pflanzenteile ab.

Kraut-, Braun- oder Knollenfäule bei Tomaten

Diese Krankheit kommt nicht nur bei Kartoffeln vor, sondern auch bei Tomaten. Vor allem jene Tomatenpflanzen, die im Freiland stehen und nicht vor Regen geschützt sind, haben darunter zu leiden. Die Krankheit beginnt mit ein paar braunen Flecken auf den Blättern und dem Spross. Bevor Sie es richtig merken,

---

-TIPP-

Werfen Sie Gemüse, das von Krankheiten befallen ist, nicht auf den Komposthaufen. Sonst wird auch der Kompost infiziert.

ist schon die ganze Pflanze braun, einschließlich der Früchte, die dann ungenießbar sind. Sie können versuchen, die Krankheit zu vermeiden, sie aber nicht kurieren. Pflanzen Sie die Tomaten weit genug auseinander, schützen Sie sie vor Regen und gießen Sie nur dicht über dem Boden, nie über die Blätter.

Tomatenpflanzen, die schon von der Krankheit befallen sind, sollten Sie so schnell wie möglich entfernen, um die Ausbreitung zu verhindern.

Krautfäule bei Tomaten

UNKRAUT

Unkraut ein für alle Mal zu beseitigen wird Ihnen nicht gelingen. Es gibt allerdings ein paar Grundregeln, die Ihnen helfen, eine Unkraut-Invasion zu vermeiden.

Schnell und oft

Unkraut nimmt Feuchtigkeit, Licht, Platz und Nährstoffe weg, alles essenzielle Elemente, die Ihr Gemüse braucht. Entfernen Sie daher Unkraut so schnell wie möglich, solange die Pflänzchen noch klein sind. Wenn Sie es zu lange stehen lassen, kann es außerdem Samen bilden und sich noch mehr ausbreiten.

Nichts übrig lassen

Entfernen Sie immer die ganze Unkrautpflanze, einschließlich der Wurzeln. Sonst kommt das Unkraut an derselben Stelle immer wieder. Werfen Sie Unkraut auch nicht auf den Komposthaufen, um zu verhindern, dass die Unkrautsamen sich unter den Kompost mischen und wieder verbreitet werden.

Abdecken lautet die Devise

Unkraut braucht Licht, um zu wachsen. Indem Sie den Boden abdecken, bekämpfen Sie es also. Unkrautvlies hält zum Beispiel bei Erdbeeren das meiste Unkraut fern. Bei Ihrem anderen Gemüse können Sie auch mulchen, um das Unkraut einzudämmen.

GÄRTNER DICH GLÜCKLICH

Mulchen

- Erfolgt immer zwischen den Gemüsereihen.
- Es ist eine natürliche Düngemethode und bringt Nährstoffe in den Boden.
- Eine Mulchdecke hält den Boden feucht und wärmt die Erde.
- Sie unterdrücken damit Unkraut.
- Scharfkantiger Mulch wie Stroh hält Schnecken fern. Grüner Mulch wie Rasenschnitt lockt dagegen Schnecken an.
- Bringen Sie den Mulch erst aus, wenn die Keimlinge sichtbar aufgelaufen sind, sonst bekommt die Saat zu wenig Licht und keimt nicht.
- Verschiedene Materialien: Rasenschnitt, Hanfflocken, Stroh, Rinden- und Holzschnitzel, Tannennadeln, aber auch Zeitungen und brauner Karton eignen sich.

Kapitel 7 /
ERNTEN

GÄRTNER DICH GLÜCKLICH

- ERNTEN -

Sie haben lange genug darauf gewartet: Jetzt ist es Zeit zu ernten! Wie Sie das machen, ist meist selbsterklärend, aber manche Gemüse brauchen eine bestimmte Erntetechnik. Es hört auch nicht damit auf, dass Sie Ihre Ernte genießen: Was tun, wenn Ihr Garten mehr geliefert hat als erwartet?

Zucchini und Kürbis

Abschneiden.

Obst

Die Frucht muss sich mit einer Drehung lösen, sonst ist sie noch nicht reif.

Radieschen

Herausziehen.

Kohl

Drehen und dann alle Wurzeln entfernen (zur Vorbeugung von Krankheiten und Pilzen im Boden).

Erdbeeren

Zwischen den Fingern packen, sodass die Frucht nicht beschädigt wird.

Ups, die ist wohl zu lang hängen geblieben.

GÄRTNER DICH GLÜCKLICH

Wurzel- und Knollengemüse

Mit der Grabegabel und den Händen aus dem Boden holen.

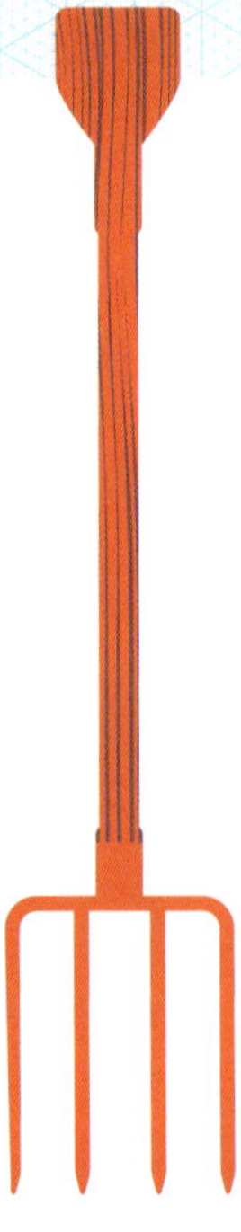

Blattgemüse

Abschneiden, dann wachsen sie nach.

Bohnen

Ziehen.

GÄRTNER DICH GLÜCKLICH

Kräuter können Sie frisch verwenden, aber auch abschneiden und trocknen. Es gibt nichts Schöneres, als ein paar getrocknete Kräuter in einen winterlichen Eintopf zu geben. Schneiden Sie ein paar Zweige ab, die nicht in Blüte stehen, und hängen Sie sie umgekehrt an einen trockenen Platz mit guter Luftzirkulation. Trocknen geht auch im Backofen. Stellen Sie eine niedrige Temperatur ein (etwa 30–40 °C), damit die Kräuter nicht verbrennen, lassen Sie die Backofentür einen Spalt breit offen und trocknen Sie die Kräuter etwa 3 Stunden lang. Wenn Sie im Winter doch lieber frische Kräuter mögen, frieren Sie sie ein.

Nach der Ernte haben Sie natürlich wieder Platz im Gemüsegarten. Nichts hindert Sie daran, diesen Platz zu nutzen, um leckeres Wintergemüse zu säen. Dazu zählt zum Beispiel Kohl oder Winterspinat, Pastinaken, Portulak.

Sie können auch das eine oder andere Gemüse schießen lassen: Ernten Sie es nicht, sondern lassen Sie es weiterwachsen, bis es Blüten bildet. Dann können Sie die Samen gewinnen und sie im nächsten Jahr verwenden. Wie Sie das tun, lesen Sie auf den folgenden Seiten.

Blattgemüse

Abschneiden, dann wachsen sie nach.

Bohnen

Ziehen.

GÄRTNER DICH GLÜCKLICH

Bei den meisten Gemüsesorten ist schnell klar, dass sie erntereif sind, vor allem in Kombination mit den Angaben in den Pflanzenpässen. Kürbisse und Zwiebeln geben selbst das Zeichen zur Ernte: Wenn der Stängel am Kürbis oder das Grün der Zwiebeln sich verfärbt und vertrocknet, können Sie ernten. Manche Gemüse sollten Sie lieber früher als später ernten. Je größer Zucchini, Gurken, Rote Bete oder Gartenbohnen sind, desto weniger Aroma haben sie. Dann gibt es noch Gemüse, das Sie ernten können, wann Sie wollen, weil es einfach weiter wächst. Das gilt vor allem für Blattgemüse wie Spinat und Schnittsalat, aber auch für Gartenbohnen. Entfernen Sie also nicht die ganze Pflanze, sondern schneiden Sie nur ein paar Blätter bzw. Bohnen ab.

Wenn Sie geerntet haben, werden Sie Ihr Gemüse wahrscheinlich schnell verarbeiten. Aber Sie können das Gemüse auch noch einige Zeit im Kühlschrank oder in einem trockenen, dunklen Keller aufbewahren. Achten Sie nur darauf, dass Sie die Ernte richtig einlagern. Bei Kürbissen müssen Sie zum Beispiel den Stiel an der Frucht lassen, sonst faulen sie schneller. Auf diese Weise reift der Kürbis noch ein bisschen nach. Zwiebeln bewahren Sie, wenn sie noch nicht völlig trocken sind, vorzugsweise nicht zu dicht beieinander auf, um Schimmel zu vermeiden. Möhren neigen schnell zum Faulen, wenn Sie nicht das Grün und anhängende Erde entfernen und sie in einer Kiste mit einer Schicht feuchtem Sand aufbewahren.

Waren Sie beim Säen zu enthusiastisch und haben jetzt einen Berg Gemüse im Haus? Keine Panik: Es gibt verschiedene Möglichkeiten, es zu verarbeiten. Geben Sie das Gemüse in die Suppe oder zu Pasta. Machen Sie daraus Desserts oder Smoothies! Lassen Sie sich von Rezepten im Internet zu Zucchinikuchen und Kürbisplätzchen inspirieren, oder mischen Sie Apfel, Banane, Zucchini und Minze zu einem wunderbaren Smoothie. Legen Sie einen Wintervorrat an, indem Sie das Gemüse in gebrauchsfertigen Portionen einfrieren (das Blanchieren nicht vergessen), oder verteilen Sie es an Freunde und Nachbarn.

Rezept für Rettichsaft

Meine Oma braute für uns immer dieses Wundermittel, wenn wir erkältet waren.
- Einen Rettich gründlich putzen.
- In dünne Scheiben schneiden und diese in eine Schüssel geben.
- Die Scheiben mit Kandiszucker belegen, zudecken und mindestens 24 Stunden ziehen lassen.
- Den Saft – der inzwischen Sirup geworden ist – in einem Topf auffangen. Fertig ist der selbst gemachte Hustensirup!

-TIPP-

In Eiswürfelformen können Sie selbst gemachtes Pesto oder Kräuterbutter einfrieren. So haben Sie immer praktische, gebrauchsfertige Portionen parat. Oder frieren Sie Himbeeren und andere Früchte in Eiswürfeln mit ein für einen Cocktail mit Wow-Effekt.

Zu viel Gemüse?

- Verarbeiten Sie es (zu Suppe, Pasta, Aufläufen und so weiter).
- Naschen Sie es (Zucchinikuchen, Kürbisplätzchen; lassen Sie sich im Internet inspirieren).
- Trinken Sie es (als Smoothie aus Apfel, Banane, Zucchini und Minze).
- Frieren Sie es ein (Hallo Wintervorrat!).
- Verteilen Sie es an Freunde oder Bekannte.

GÄRTNER DICH GLÜCKLICH

Kräuter können Sie frisch verwenden, aber auch abschneiden und trocknen. Es gibt nichts Schöneres, als ein paar getrocknete Kräuter in einen winterlichen Eintopf zu geben. Schneiden Sie ein paar Zweige ab, die nicht in Blüte stehen, und hängen Sie sie umgekehrt an einen trockenen Platz mit guter Luftzirkulation. Trocknen geht auch im Backofen. Stellen Sie eine niedrige Temperatur ein (etwa 30–40 °C), damit die Kräuter nicht verbrennen, lassen Sie die Backofentür einen Spalt breit offen und trocknen Sie die Kräuter etwa 3 Stunden lang. Wenn Sie im Winter doch lieber frische Kräuter mögen, frieren Sie sie ein.

Nach der Ernte haben Sie natürlich wieder Platz im Gemüsegarten. Nichts hindert Sie daran, diesen Platz zu nutzen, um leckeres Wintergemüse zu säen. Dazu zählt zum Beispiel Kohl oder Winterspinat, Pastinaken, Portulak.

Sie können auch das eine oder andere Gemüse schießen lassen: Ernten Sie es nicht, sondern lassen Sie es weiterwachsen, bis es Blüten bildet. Dann können Sie die Samen gewinnen und sie im nächsten Jahr verwenden. Wie Sie das tun, lesen Sie auf den folgenden Seiten.

Kapitel 8 /
DIE NÄCHSTE AUSSAAT

GÄRTNER DICH GLÜCKLICH

– DIE NÄCHSTE AUSSAAT –

Hat Ihnen ein bestimmtes Gemüse besonders gut geschmeckt und Sie können gar nicht genug davon bekommen? Der Genuss lässt sich wiederholen, denn Sie können von Ihren Lieblingen die Samen gewinnen und im nächsten Jahr noch einmal ernten. Die Samen bewahren Sie ab jetzt in selbst gebastelten Tütchen auf.

Gemüsearten, von denen Sie Samen gewinnen können, sind Salat, Spinat, Basilikum und andere Kräuter. Tomaten, Kürbisse und Zucchini sind Sonderfälle, weil ihre Samen in den Früchten stecken. Nehmen Sie eine sehr reife Tomate und lösen Sie die Kerne heraus. Entfernen Sie die glibberige Haut um die Kerne und legen Sie die Kerne zum Trocknen aus. Auch bei Kürbis und Zucchini müssen Sie die Kerne aus dem Fruchtfleisch lösen, bevor Sie sie trocknen können.

ACHTUNG: Versuchen Sie nicht, Samen von Gemüse zu gewinnen, dass aus F_1-Hybriden-Saatgut entstanden ist. Gekauftes Saatgut, das beim Sortennamen den Zusatz „F_1" trägt, wurde mithilfe von Veredelungstechniken gezüchtet. Es ist auf keinen Fall schlecht zum Säen und Sie können auch sehr leckeres Gemüse daraus ziehen. Aber denken Sie daran, dass Sie aus diesem Gemüse keine guten Samen für das folgende Jahr gewinnen können.

Wie gewinnt man Samen?

1. Gemüse schießen lassen, bis es Blüten bildet.
2. Blühen lassen, bis die Blüten welken.
3. Die verwelkten Blüten abschneiden und drinnen weiter trocknen lassen.
4. Die Blüten auf ein Blatt weißes Papier legen und die Samen herauslösen.

SCHIESSENDES
Gemüse

-TIPP-

Es ist sicher keine gute Idee, alle Samen, die Sie kaufen, auf einmal zu säen. Oft steckt in so einem Tütchen so viel Samen, dass er Ihnen für mehrere Jahre reicht. Nachteil: Samen haben ein Verfallsdatum. Überlegen Sie sich also, ob Sie nicht zusammen mit anderen Gemüsegarten-Freunden Samen einkaufen und dann teilen.

GÄRTNER DICH GLÜCKLICH

Schnittmuster für Samentütchen

- Übertragen Sie die Vorlage auf die Rückseite von schönem Papier.
- Schneiden Sie es aus.
- Falten Sie die Laschen entlang der Linien nach innen.
- Tragen Sie auf die linke und die untere Lasche Klebstoff auf und kleben Sie das Tütchen zu.
- Schreiben Sie den richtigen Namen darauf, und Ihr Gemüsesamen ist sicher aufbewahrt bis zum nächsten Jahr.

GÄRTNER DICH GLÜCKLICH

Von Kräutern können Sie nicht nur Samen gewinnen, Sie können die Pflanzen auch teilen, buchstäblich und bildlich. Graben Sie am Ende des Winters die Pflanze aus und hacken Sie sie mit dem Spaten in zwei Teile. Damit haben Sie zwei Pflanzen. Indem Sie die Pflanze „beschädigen", regen Sie sie zu neuem Wachstum an. Sie können beide Pflanzen behalten oder eine weiterverschenken.

ZUR ERINNERUNG: Vergessen Sie nicht, die frei gewordenen Plätze im Gemüsegarten für eine Nachkultur zu nutzen. Pflanzen Sie Gemüse, das Sie im Herbst und Winter ernten können, an die Stelle, wo bisher Frühjahrsgemüse gewachsen ist.

Sie müssen zwar das meiste Gemüse jedes Jahr neu säen oder pflanzen, es gibt aber auch mehrjährige Arten. Diese robusten Pflanzen bleiben über Winter im Boden und treiben bei den ersten Sonnenstrahlen neu aus. Einige Beispiele für mehrjährige Pflanzen sind Rhabarber, Erdbeeren, Spargel, Topinambur und Trauben. Auch Himbeeren und viele andere Beerensträucher wachsen und blühen jedes Jahr wieder, sodass Sie jedes Jahr ernten können, ohne viel Arbeit investieren zu müssen. Außerdem gibt es natürlich Kräuter, die nach dem Winter wieder austreiben und Sie wieder eine Saison lang mit wunderbar frischen Aromen versorgen. Beispiele dafür sind Minze, Schnittlauch, Zitronenmelisse, Thymian, Rosmarin und Salbei. Diese Pflanzen kommen zwar jedes Jahr wieder, brauchen aber doch etwas Pflege. Schneiden Sie sie bei Bedarf zurück, vermehren Sie die Kräuter, versorgen Sie sie mit Dünger oder Kompost, gießen Sie ausreichend und verteilen Sie regelmäßig eine Schicht Mulch auf dem Beet.

Kapitel 9 / PFLANZENPÄSSE

 *Zwiebel*

- Gemüsegruppe: **WURZELGEMÜSE**
- Varianten: weiße Zwiebel, rote Zwiebel, Schalotte, Frühlingszwiebeln
- Ins Freiland säen/pflanzen: Jan, Feb, März, Apr, Mai, Juni, Juli, Aug, Sept, Okt, Nov, Dez
- Ernten: Jan, Feb, März, Apr, Mai, Juni, Juli, Aug, Sept, Okt, Nov, Dez
- Vorsicht: Zwiebelfliege (V), in Kombination mit Möhren pflanzen (S); Vögel ziehen die Zwiebeln aus dem Boden (V)
- Besonderheiten: winterharte Zwiebeln eignen sich als Nachkultur (S); nach der Ernte trocken aufbewahren

Petersilie
Standort: sonnig
mittlerer Wasserbedarf
zweijährig, winterhart

Schnittlauch
Standort: sonnig, halbschattig
hoher Wasserbedarf
mehrjährig, winterhart

Kapitel 9 /
PFLANZENPÄSSE

GÄRTNER DICH GLÜCKLICH

- PFLANZENPÄSSE -

Brauchen Sie schnell Informationen über ein bestimmtes Gemüse? In unseren Pflanzenpässen finden Sie alles Wissenswerte. Auf einen Blick sehen Sie, wann Sie pflanzen und ernten, wie die Pflanzen aussehen, zu welcher Familie sie gehören und worauf Sie besonders achten müssen.

Weil sich die Artgenossen oft sehr ähnlich sind, haben nicht alle Gemüse einen eigenen Pass bekommen. Bei Kohlgemüse treten im Allgemein dieselben Krankheiten und Schädlinge auf. Haben Sie ein Problem mit dem Rotkohl? Dann schauen Sie im Pass von Blumenkohl nach, dort finden Sie schon das Wichtige!

(G) = siehe Gartenplan, (S) = siehe Säen,
(P) = siehe Pflegen, (V) = siehe Vorbeugen

Blumenkohl

- Gemüsegruppe: **KOHLGEMÜSE**
- Vorkultur: Jan, Feb, März, Apr, Mai, Juni, Juli, Aug, Sept, Okt, Nov, Dez
- Ins Freiland säen/pflanzen: Jan, Feb, März, Apr, Mai, Juni, Juli, Aug, Sept, Okt, Nov, Dez
- Ernten: Jan, Feb, März, Apr, Mai, Juni, Juli, Aug, Sept, Okt, Nov, Dez
- Vorsicht: der Kohlweißling und seine Raupen (V), Kohlhernie (V), Kohlfliege (V)
- Besonderheiten: außer den weißen Röschen sind auch die Blätter des Blumenkohls essbar; nach der Ernte alle Strünke aus dem Beet entfernen

Bohnen

- Gemüsegruppe: **HÜLSENFRÜCHTE**
- Varianten: Schnittbohnen, Prinzessbohnen, Gartenbohnen, Limabohnen. Es gibt Sorten, die als Busch wachsen (= Buschbohnen), und solche, die in die Höhe wachsen (= Stangenbohnen). Besonders empfehlenswert sind die Sorten Marga, Maxi, Neckarkönigin.
- Vorkultur: Jan, Feb, März, Apr, Mai, Juni, Juli, Aug, Sept, Okt, Nov, Dez
- Ins Freiland säen/pflanzen: Jan, Feb, März, Apr, Mai, Juni, Juli, Aug, Sept, Okt, Nov, Dez
- Ernten: Jan, Feb, März, Apr, Mai, Juni, Juli, Aug, Sept, Okt, Nov, Dez
- Vorsicht: Blattläuse (V), Schnecken (V)
- Besonderheiten: wachsen mitunter in die Höhe (S); vertragen keinen Nachtfrost (S); anhäufeln (P); ernten regt die Pflanze an, neue Bohnen zu bilden (P); entspitzen (P)

Brokkoli

- Gemüsegruppe: **KOHLGEMÜSE**
- Vorkultur: Jan, Feb, März, Apr, Mai, Juni, Juli, Aug, Sept, Okt, Nov, Dez
- Ins Freiland säen/pflanzen: Jan, Feb, März, Apr, Mai, Juni, Juli, Aug, Sept, Okt, Nov, Dez
- Ernten: Jan, Feb, März, Apr, Mai, Juni, Juli, Aug, Sept, Okt, Nov, Dez
- Vorsicht: der Kohlweißling und seine Raupen (V), Kohlhernie (V), Kohlfliege (V)
- Besonderheiten: nur die benötigte Anzahl Röschen ernten, dann erscheinen wieder neue Triebe; nach der letzten Ernte alle Strünke aus dem Beet entfernen

- Gemüsegruppe: **HÜLSENFRÜCHTE**
- Varianten: Palerbsen, Markerbsen/Zuckererbsen, Zuckerschoten/Kefen
- Vorkultur: Jan, Feb, März, Apr, Mai, Juni, Juli, Aug, Sept, Okt, Nov, Dez
- Ins Freiland säen/pflanzen: Jan, Feb, März, Apr, Mai, Juni, Juli, Aug, Sept, Okt, Nov, Dez
- Ernten: Jan, Feb, März, Apr, Mai, Juni, Juli, Aug, Sept, Okt, Nov, Dez
- Vorsicht: Mehltau (V), Blattläuse (V), Schnecken (V), bei Aussaat nach April steigt die Wahrscheinlichkeit für weiße Larven in den Erbsen
- Besonderheiten: wachsen mitunter in die Höhe (S); ernten regt die Pflanze an, neue Schoten zu bilden (P)

- Gemüsegruppe: **BILDET EINE EIGENE GRUPPE**
- Varianten: Besonders empfehlenswert sind die Sorten Mieze Schindler, Polka, Lambada, Korona, Florence, Kent, Mara de Bois, Königin Luise, Senga Sengang.
- Pflanzzeitraum: Jan, Feb, März, Apr, Mai, Juni, Juli, Aug, Sept, Okt, Nov, Dez
- Ernten: März, Apr, Mai, Juni, Juli, Aug, Sept, Okt, Nov, Dez
- Vorsicht: Pilzkrankheiten, darunter Mehltau (V); nicht mit Kartoffeln kombinieren (V); Blattläuse (V)
- Besonderheiten: braucht ein eigenes Beet (S); Ausläufer und Erneuerung der Pflanze (P); kann auch in Töpfen gezogen werden

- Gemüsegruppe: **KOHLGEMÜSE**
- Ins Freiland säen/pflanzen: Jan, Feb, März, Apr, Mai, Juni, Juli, Aug, Sept, Okt, Nov, Dez
- Ernten: Jan, Feb, März, Apr, Mai, Juni, Juli, Aug, Sept, Okt, Nov, Dez
- Vorsicht: der Kohlweißling und seine Raupen (V), sehr selten Kohlhernie (V), Kohlfliege (V), Pilze im Boden können den Fuß der Pflanze befallen, wodurch die Pflanze fault und umfällt
- Besonderheiten: auch als Krauskohl bekannt; ein echtes Wintergemüse, das Frost gut verträgt und im Winter geerntet werden kann; nach der Ernte alle Strünke aus dem Beet entfernen

- Gemüsegruppe: **BILDET EINE EIGENE GRUPPE**
- Varianten: Besonders empfehlenswert sind die Sorten Desirée (rote Schale), Ackersegen, Vitelotte noir (dunkelviolett), Golden Wonder, Charlotte, La Ratte.
- Ins Freiland säen/pflanzen: Jan, Feb, März, Apr, Mai, Juni, Juli, Aug, Sept, Okt, Nov, Dez
- Ernten: Jan, Feb, März, Apr, Mai, Juni, Juli, Aug, Sept, Okt, Nov, Dez
- Vorsicht: Kartoffelfäule (V), Schnecken (V)
- Besonderheiten: brauchen einen hellen Platz; anhäufeln (P)

- Gemüsegruppe: **WURZELGEMÜSE**
- Varianten: weiße Zwiebel, rote Zwiebel, Schalotte, Frühlingszwiebeln
- Ins Freiland säen/pflanzen: Jan, Feb, März, Apr, Mai, Juni, Juli, Aug, Sept, Okt, Nov, Dez
- Ernten: Jan, Feb, März, Apr, Mai, Juni, Juli, Aug, Sept, Okt, Nov, Dez
- Vorsicht: Zwiebelfliege (V), in Kombination mit Möhren pflanzen (S); Vögel ziehen die Zwiebeln aus dem Boden (V)
- Besonderheiten: winterharte Zwiebeln eignen sich als Nachkultur (S); nach der Ernte trocken aufbewahren

Petersilie
Standort: sonnig
mittlerer Wasserbedarf
zweijährig, winterhart

Schnittlauch
Standort: sonnig, halbschattig
hoher Wasserbedarf
mehrjährig, winterhart

Grünkohl

- Gemüsegruppe: **KOHLGEMÜSE**
- Ins Freiland säen/pflanzen: Jan, Feb, März, Apr, Mai, Juni, Juli, Aug, Sept, Okt, Nov, Dez
- Ernten: Jan, Feb, März, Apr, Mai, Juni, Juli, Aug, Sept, Okt, Nov, Dez
- Vorsicht: der Kohlweißling und seine Raupen (V), sehr selten Kohlhernie (V), Kohlfliege (V), Pilze im Boden können den Fuß der Pflanze befallen, wodurch die Pflanze fault und umfällt
- Besonderheiten: auch als Krauskohl bekannt; ein echtes Wintergemüse, das Frost gut verträgt und im Winter geerntet werden kann; nach der Ernte alle Strünke aus dem Beet entfernen

Kartoffel

- Gemüsegruppe: **BILDET EINE EIGENE GRUPPE**
- Varianten: Besonders empfehlenswert sind die Sorten Desirée (rote Schale), Ackersegen, Vitelotte noir (dunkelviolett), Golden Wonder, Charlotte, La Ratte.
- Ins Freiland säen/pflanzen: Jan, Feb, März, Apr, Mai, Juni, Juli, Aug, Sept, Okt, Nov, Dez
- Ernten: Jan, Feb, März, Apr, Mai, Juni, Juli, Aug, Sept, Okt, Nov, Dez
- Vorsicht: Kartoffelfäule (V), Schnecken (V)
- Besonderheiten: brauchen einen hellen Platz; anhäufeln (P)

- Gemüsegruppe: **KOHLGEMÜSE**
- Vorkultur: Jan, Feb, März, Apr, Mai, Juni, Juli, Aug, Sept, Okt, Nov, Dez
- Ins Freiland säen/pflanzen: Jan, Feb, März, Apr, Mai, Juni, Juli, Aug, Sept, Okt, Nov, Dez
- Ernten: Jan, Feb, März, Apr, Mai, Juni, Juli, Aug, Sept, Okt, Nov, Dez
- Vorsicht: der Kohlweißling und seine Raupen (V), Kohlhernie (V), Kohlfliege (V)
- Besonderheiten: neigt zum Aufplatzen bei viel Regen nach längerer Trockenheit, daher während Trockenperioden gut gießen

- Gemüsegruppe: **FRUCHTGEMÜSE**
- Varianten: oranger Kürbis, Flaschenkürbis, Spaghettikürbis, Zierkürbis (nicht essbar)
- Vorkultur: Jan, Feb, März, Apr, Mai, Juni, Juli, Aug, Sept, Okt, Nov, Dez
- Ins Freiland säen/pflanzen: Jan, Feb, März, Apr, Mai, Juni, Juli, Aug, Sept, Okt, Nov, Dez
- Ernten: Jan, Feb, März, Apr, Mai, Juni, Juli, Aug, Sept, Okt, Nov, Dez
- Vorsicht: Schnecken fressen die Keimlinge (V); Mehltau (V)
- Besonderheiten: Kürbiskerne mit der Spitze nach unten säen; in die Nähe von Mais säen (S); mindestens 1 m² Platz pro Kürbispflanze einplanen, denn sie können sehr groß werden; braucht viel Wasser; kann lang aufbewahrt werden, wenn der Stängel an der Frucht bleibt (P)

- Gemüsegruppe: **BLATTGEMÜSE**
- Vorkultur: Jan, Feb, März, Apr, Mai, Juni, Juli, Aug, Sept, Okt, Nov, Dez
- Ins Freiland pflanzen: Jan, Feb, März, Apr, Mai, Juni, Juli, Aug, Sept, Okt, Nov, Dez
- Ernten: Jan, Feb, März, Apr, Mai, Juni, Juli, Aug, Sept, Okt, Nov, Dez
- Vorsicht: Lauchmotte (V)
- Besonderheiten: anhäufeln (P)

- Gemüsegruppe: **WURZELGEMÜSE**
- Varianten: Besonders empfehlenswert sind die Sorten Laila, Parmex (rund), Pariser Markt, Nantaise 2, Purple Haze (violett), Rotin.
- Ins Freiland säen: Jan, Feb, März, Apr, Mai, Juni, Juli, Aug, Sept, Okt, Nov, Dez
- Ernten: Jan, Feb, März, Apr, Mai, Juni, Juli, Aug, Sept, Okt, Nov, Dez
- Vorsicht: Möhrenfliege (V), in Kombination mit Zwiebeln pflanzen (S)
- Besonderheiten: zu verschiedenen Zeiten säen (S)

- Gemüsegruppe: **WURZELGEMÜSE**
- Ins Freiland säen/pflanzen: Jan, Feb, März, Apr, Mai, Juni, Juli, Aug, Sept, Okt, Nov, Dez
- Ernten: Jan, Feb, März, Apr, Mai, Juni, Juli, Aug, Sept, Okt, Nov, Dez
- Vorsicht: Möhrenfliege (V), deshalb in Kombination mit Zwiebeln pflanzen (S)
- Besonderheiten: haben Sie Geduld, es dauert etwas, bis sie sich zeigen; Samen mit Gartenkresse mischen (S); sie sind winterhart, sollten aber vor strengem Nachtfrost geschützt werden

- Gemüsegruppe: **BLATTGEMÜSE**
- Ins Freiland säen: Jan, Feb, März, Apr, Mai, Juni, Juli, Aug, Sept, Okt, Nov, Dez
- Ernten: Jan, Feb, März, Apr, Mai, Juni, Juli, Aug, Sept, Okt, Nov, Dez
- Vorsicht: Portulaksamen breiten sich leicht aus, deshalb wird das Gemüse manchmal als Unkraut angesehen
- Besonderheiten: kann nach der Aussaat bald geerntet werden; nach dem Abschneiden der ersten Stängel folgt oft noch eine zweite Ernte

Radieschen

- Gemüsegruppe: **KOHLGEMÜSE**
- Ins Freiland säen: Jan, Feb, März, Apr, Mai, Juni, Juli, Aug, Sept, Okt, Nov, Dez
- Ernten: Jan, Feb, März, Apr, Mai, Juni, Juli, Aug, Sept, Okt, Nov, Dez
- Vorsicht: Maden der Kohlfliege befallen die Wurzeln; spannen Sie daher feinmaschigen Draht über die Radieschen
- Besonderheiten: wächst schnell, kann also schnell geerntet werden; Radieschen ernten, wenn sie noch klein sind, dann sind sie auch noch schön saftig; zu verschiedenen Zeiten säen (S); bei Trockenheit reichlich gießen

Rhabarber

- Gemüsegruppe: **BILDET EINE EIGENE GRUPPE**
- Ins Freiland pflanzen: Jan, Feb, März, Apr, Mai, Juni, Juli, Aug, Sept, Okt, Nov, Dez
- Ernten: Jan, Feb, März, Apr, Mai, Juni, Juli, Aug, Sept, Okt, Nov, Dez
- Vorsicht: Oxalsäure; Rhabarber dürfen Sie ab Mitte Juni nicht mehr ernten/essen: Um den 30. Juni zieht die Säure der Blätter auch in die Stängel, was schlecht für die Gesundheit ist
- Besonderheiten: die Pflanze im ersten Jahr gut anwachsen lassen, bevor man das erste Mal erntet; mehrjährige Pflanze, die am selben Platz bleiben kann; im Herbst können Sie die Rhabarberpflanze mehrmals teilen; die äußeren Stücke sind dabei die besten

- Gemüsegruppe: **KOHLGEMÜSE**
- Vorkultur: Jan, Feb, März, Apr, Mai, Juni, Juli, Aug, Sept, Okt, Nov, Dez
- Ins Freiland säen/pflanzen: Jan, Feb, März, Apr, Mai, Juni, Juli, Aug, Sept, Okt, Nov, Dez
- Ernten: Jan, Feb, März, Apr, Mai, Juni, Juli, Aug, Sept, Okt, Nov, Dez
- Vorsicht: der Kohlweißling und seine Raupen (V), Kohlhernie (V), Kohlfliege (V), Blattläuse (V)
- Besonderheiten: zur Stabilisierung anhäufeln (P); große Pflanzen unterstützen

- Gemüsegruppe: **WURZELGEMÜSE**
- Ins Freiland säen: Jan, Feb, März, Apr, Mai, Juni, Juli, Aug, Sept, Okt, Nov, Dez
  Ernten: Jan, Feb, März, Apr, Mai, Juni, Juli, Aug, Sept, Okt, Nov, Dez
- Vorsicht: Pilzkrankheiten, wenn die Pflanzen zu dicht nebeneinander stehen (V)
- Besonderheiten: die Knollen nicht zu groß werden lassen (etwa so groß wie ein kleiner Apfel), dann schmecken sie besser

Salat

- Gemüsegruppe: **BLATTGEMÜSE**
- Varianten: Kopfsalat, Schnittsalat, Feldsalat, Eisbergsalat, krauser Salat, Eichblattsalat, Endivie, Rauke, Radicchio
- Vorkultur: Jan, Feb, März, Apr, Mai, Juni, Juli, Aug, Sept, Okt, Nov, Dez
- Ins Freiland säen/pflanzen: Jan, Feb, März, Apr, Mai, Juni, Juli, Aug, Sept, Okt, Nov, Dez
- Ernten: Jan, Feb, März, Apr, Mai, Juni, Juli, Aug, Sept, Okt, Nov, Dez
- Vorsicht: Schnecken (V), Blattläuse (V), zu viel Unkraut (V)

Schwarzer Rettich

- Gemüsegruppe: **KOHLGEMÜSE**
- Ins Freiland säen: Jan, Feb, März, Apr, Mai, Juni, Juli, Aug, Sept, Okt, Nov, Dez
- Ernten: Jan, Feb, März, Apr, Mai, Juni, Juli, Aug, Sept, Okt, Nov, Dez
- Vorsicht: Erdflöhe bei zu trockenem Boden; Maden der Kohlfliege befallen die Wurzeln; spannen Sie daher feinmaschigen Draht über den Rettich
- Besonderheiten: bei Trockenheit reichlich gießen; nicht an einen Platz säen, wo vorher Radieschen gewachsen sind; je früher Sie ernten, desto milder der Geschmack

- Gemüsegruppe: **BLATTGEMÜSE**
- Varianten: außer Sommerspinat gibt es auch Winterspinat
- Ins Freiland säen: Jan, Feb, März, Apr, Mai, Juni, Juli, Aug, Sept, Okt, Nov, Dez
- Ernten: Jan, Feb, März, Apr, Mai, Juni, Juli, Aug, Sept, Okt, Nov, Dez
- Vorsicht: Blattläuse (V), Vögel (V)
- Besonderheiten: zu verschiedenen Zeiten säen (S); bei Trockenheit reichlich gießen; Spinat können Sie mehrmals ernten (P)

- Gemüsegruppe: **FRUCHTGEMÜSE**
- Varianten: Cocktail- und Kirschtomaten (z.B. Resi, Sweet Million, Black Cherry), Fleischtomaten (Luxor, Marmande), Buschtomaten (Balkonstar, Rote Murmel, Golden Currant), Romatomaten (Roma, San Marzano, Tigerella)
- Vorkultur: Jan, Feb, März, Apr, Mai, Juni, Juli, Aug, Sept, Okt, Nov, Dez
- Pflanzen: Jan, Feb, März, Apr, Mai, Juni, Juli, Aug, Sept, Okt, Nov, Dez
- Ernten: Jan, Feb, März, Apr, Mai, Juni, Juli, Aug, Sept, Okt, Nov, Dez
- Vorsicht: Krautfäule (V), Weiße Fliege (V) und Viruskrankheiten
- Besonderheiten: Vorkultur (S); anbinden (S); Regenschutz (S); Geiztriebe (P); bewässern mit Hilfe von Plastikflasche (P); entspitzen (P)

- Gemüsegruppe: **FRUCHTGEMÜSE**
- Varianten: gelbe Zucchini, Bischofsmütze, Kugelzucchini
- Vorkultur: Jan, Feb, März, Apr, Mai, Juni, Juli, Aug, Sept, Okt, Nov, Dez
- Ins Freiland säen/pflanzen: Jan, Feb, März, Apr, Mai, Juni, Juli, Aug, Sept, Okt, Nov, Dez
- Ernten: Jan, Feb, März, Apr, Mai, Juni, Juli, Aug, Sept, Okt, Nov, Dez
- Vorsicht: Schnecken fressen die Keimlinge (V); Mehltau (V)
- Besonderheiten: 1 m² Platz pro Zucchinipflanze einplanen; je kleiner Sie die Zucchini ernten, desto mehr Aroma haben sie, große Zucchini schmecken nur noch wässrig

- Gemüsegruppe: **FRUCHTGEMÜSE**
- Vorkultur: Jan, Feb, März, Apr, Mai, Juni, Juli, Aug, Sept, Okt, Nov, Dez
- Ins Freiland säen/pflanzen: Jan, Feb, März, Apr, Mai, Juni, Juli, Aug, Sept, Okt, Nov, Dez
- Ernten: Jan, Feb, März, Apr, Mai, Juni, Juli, Aug, Sept, Okt, Nov, Dez
- Vorsicht: Pilzkrankheit, die oft auftritt, wenn in der Nähe viel Mais angebaut wird; Fruchtwechsel anwenden (G)
- Besonderheiten: junge Maispflanzen anhäufeln (P); reichlich gießen; zur besseren Bestäubung in Gruppen säen (S); Platz sparen durch Kombination mit Kürbis (S); erntereif, wenn die Körner eine milchige Flüssigkeit abgeben, wenn man draufdrückt

- Gemüsegruppe: **WURZELGEMÜSE**
- Varianten: weiße Zwiebel, rote Zwiebel, Schalotte, Frühlingszwiebeln
- Ins Freiland säen/pflanzen: Jan, Feb, März, Apr, Mai, Juni, Juli, Aug, Sept, Okt, Nov, Dez
- Ernten: Jan, Feb, März, Apr, Mai, Juni, Juli, Aug, Sept, Okt, Nov, Dez
- Vorsicht: Zwiebelfliege (V), in Kombination mit Möhren pflanzen (S); Vögel ziehen die Zwiebeln aus dem Boden (V)
- Besonderheiten: winterharte Zwiebeln eignen sich als Nachkultur (S); nach der Ernte trocken aufbewahren

Petersilie
Standort: sonnig
mittlerer Wasserbedarf
zweijährig, winterhart

Schnittlauch
Standort: sonnig, halbschattig
hoher Wasserbedarf
mehrjährig, winterhart

Minze
Standort: sonnig
hoher Wasserbedarf
mehrjährig, winterhart

Thymian
Standort: sonnig
geringer Wasserbedarf
mehrjährig, winterhart

Basilikum
Standort: sonnig
mittlerer Wasserbedarf
einjährig

Rosmarin
Standort: sonnig
geringer Wasserbedarf
mehrjährig, frostempfindlich

Salbei
Standort: sonnig
mitterer Wasserbedarf
mehrjährig, winterhart

Zitronenmelisse
Standort: sonnig
hoher Wasserbedarf
mehrjährig, winterhart

GÄRTNER DICH GLÜCKLICH

NACHWORT

HIER IST ALSO SCHLUSS.

Oder besser gesagt: Hier geht es los! Jetzt sind Sie an der Reihe. Stürzen Sie sich mit Begeisterung hinein, machen Sie Fehler, lassen Sie etwas schiefgehen, um dann daraus zu lernen. Genießen Sie es, draußen zu sein, die ersten Pflänzchen zu sehen, die aus der Erde lugen. Nehmen Sie dieses Buch als Anfang für einen tollen Gemüsegarten und genießen Sie vor allem das Gemüse. Mein Stück Brachland hat sich inzwischen in einen essbaren, gemütlichen Garten verwandelt, der nicht nur mich, sondern auch meine Familie, Freunde und Nachbarn mit Leckereien versorgt. Und falls Sie noch einen Ansporn brauchen: Das erste frische Grün, das durch Ihre Arbeit aus dem Boden kommt, und vor allem das frische Gemüse, das Sie essen – dieses Gefühl ist unbeschreiblich. Wenn ich innerhalb eines Jahres einen Gemüsegarten anlegen kann, können Sie das auch!

Und wie sich das in einem Buch gehört, folgt jetzt die Danksagung. Denn wie man es auch dreht und wendet, ohne einige Leute wäre dieses Buch nie Realität geworden.
Meine Leute, das sind:
Der mich durch dick und dünn unterstützt, der mir beim Anlegen des Gemüsegartens half und der mich vor allem in hektischen Zeiten nicht störte: mein Mann Gaetan. Merci vielmals! Die unermüdlich wie der Duracellhase beim Säen half und meinen Gemüsegarten in ein wahres Paradies verwandelte: meine Mama. Die meine Hirngespinste in ein lesbares Ganzes umsetzte, sodass ich dabei oft Bauchweh vor Lachen hatte: meine Schwester Annelies. Der das Gemüse zum Glänzen brachte und in wunderschönen Bildern festhielt: mein Bruder Steven. Die mich von der Heimatfront aus anfeuerten: mein Papa und meine Schwester Katelijne.

Aber auch sie, die mir alles beibrachten, mein Rat der Weisen. Das sind zuerst mein Opa und meine Oma, Jos und Maria, die jedes Jahr ungeduldig darauf warten, dass der Winter zu Ende geht, damit sie wieder im Garten werkeln können. Außerdem lernte ich auch Constant kennen, einen unerschöpflichen Brunnen von Wissen über selbst angebautes Gemüse, und seine rechte Hand Mit. Jan lehrte mich, der Natur zu vertrauen, auch wenn anscheinend alles schief ging. Und Marc brachte mir die Welt der Mischkultur näher.

Dann gibt es noch viele andere, die ich auf meinem (Gemüse-)Gartenpfad traf und die mir Tipps und Tricks mitgaben. Sie, die an das Projekt glaubten und mir die Möglichkeit gaben, es zu realisieren: mein Verlag Lannoo und vor allem Heidi. Aber auch sie, die alles in ein schönes Ganzes verwandelte: Katrien. Und zum Schluss „diejenige", die tatsächlich für den Erfolg sorgte: die Natur. Und darin vor allem meine summenden Freundinnen, die Bienen!
Mit einem Wort: Vielen herzlichen Dank euch allen!

Von einem leeren Grundstück zum eigenen Gemüsegarten.

Liebe Grüße

Karolien

www.emf-verlag.de

Bibliografische Information der Deutschen Bibliothek.

Die Deutsche Bibliothek verzeichnet diese Publikation in der deutschen Nationalbibliografie.

Detaillierte bibliografische Daten sind im Internet über http://www.d-nb.de/ abrufbar.

Alle in diesem Buch veröffentlichten Abbildungen sind urheberrechtlich geschützt und dürfen nur mit ausdrücklicher schriftlicher Genehmigung des Verlags gewerblich genutzt werden. Eine Vervielfältigung oder Verbreitung der Inhalte des Buchs ist untersagt und wird zivil- und strafrechtlich verfolgt. Das gilt insbesondere für Vervielfältigungen, Übersetzungen, Mikroverfilmungen und die Einspeicherung und Verarbeitung in elektronischen Systemen.

Die im Buch veröffentlichten Aussagen und Ratschläge wurden von Verfasserin und Verlag sorgfältig erarbeitet und geprüft. Eine Garantie für das Gelingen kann jedoch nicht übernommen werden, ebenso ist die Haftung der Verfasserin bzw. des Verlags und seiner Beauftragten für Personen-, Sach- und Vermögensschäden ausgeschlossen.

EIN BUCH DER EDITION MICHAEL FISCHER

1. Auflage 2016

Alle Rechte der deutschsprachigen Ausgabe bei

© 2016 Edition Michael Fischer GmbH, Igling
© 2014 Uitgeverij Lannoo
Erstveröffentlicht bei Uitgeverij Lannoo

Titel der Originalausgabe: Groen(t)en

Aus dem Niederländischen übertragen von Susanne Bonn, Lindenfels

Produktmanagement: Annika Christof
Lektorat: Judith Starck, München
Satz: Fabio Schaffer, Silvia Keller

ISBN 978-3-86355-507-8

Printed in Slovakia

www.emf-verlag.de